起業の鉄則塾

あうん社

起業の鉄則塾

『起業の鉄則塾』もくじ

はじめに

本年（平成三十一）の一月一〇日、私は長年胸に温めていた振興財団を設立しました。一般財団法人小林起業振興財団というのがその正式名称です。

この名前のとおり、これからの起業家を支援する財団であり、地域経済の発展に寄与することを「目的」に、次の4点を「事業」として定款に記しています。

（1）アワードによる起業家への賞金授与

（2）起業家への支援

（3）企業経営に係る相談等

（4）その他この法人の目的を達成するために必要な事業

アワード（ａｗａｒｄ）は、有能な人材や新人発掘の手段・方法として、様々な分野でおこなわれています。私が副会長を務める関西ニュービジネス協議会（ＮＢＫ）においても毎年アワードを開催し、公開プレゼンテーションの形で審査し、優れたビジネスモデルやビジネスのアイディア、新規開発製品などに対して賞金を授与してきました。私はその審査員も長い間務めてきたのですが、受賞したビジネスモデルや新製品がその後どうなったのかというと、残念ながら、それらが市場のなかで大きく展開しているといった話が私の耳に入ってきません。ＮＢＫのアワードの審査員をしているだけに、私は忸怩たる思いにかられてしまうのです。

私はこれまで４冊の本を出版してきました。その中で繰り返し言っていることの一つが、次の言葉（鉄則）です。

――「魚のいる池で釣りをする」のは商売のイロハである。

このことについては本書でも述べていますが、「魚のいる池」というのは、市場（池）にニーズ（魚）があるという意味に他なりません。そういう池ではライバル（釣り仲間）が集まり競争も激しいけれど、切磋琢磨する競争がなければ発展性がありません。競争相手のいない池には魚（ニーズ）も少ないからです。いたとしても大きな釣果《ちょうか》（成果）は期待できません。

シーズというのは潜在的ニーズです。シーズを開拓してニーズに変えていくには大企業のように相当な資金力がなければ難しいのです。ベンチャーやニュービジネスとして注目を集めた起業家が、いつの間にか市場から消えてしまうのは、シーズにこだわりすぎた結果だと、私は見ています。

起業するときに大事なことは、まずニーズを見極めてスタートすることです。それが起業の鉄則の一つですが、起業する前にも後にも知っておくべき鉄則の詳しいことは、本文をお読みください。

小林起業振興財団では、「アワードによる起業家への賞金授与」を事業の一つとしておこなっていきますが、今年はその第一回目です。私が審査するポイントの一つは、ニーズをしっかり把握したビジネスモデルなのか。そして、そのニーズに対してどのように対応し、どのように社会貢献できるのかといったことです。

刻々と変化する現代社会には、さまざまな課題や問題があり、そこにはさまざまなニーズがあります。そのニーズに対して、信頼性・継続性のあるビジネスモデルで応えていくのが起業家の役割であり使命です。

本書は、平成十六（２００４）年に私が始めた「起業の鉄則研究会」が十五年間で１５０回目を迎えたことから、その節目の記念として発刊するものですが、生涯現役の私は体が動くかぎり、200回、300回と研究会を続けていくつもりです。私自身の事業に関しては「100段の階段の5段目くらいだ」とも言っています。

事業は、総合的な創造活動です。これから起業する人たちが、本書を読んで勇気づけられ、あるいは何らかのヒントを得て、ビジネスの創造と発展に役立ててもらえたら嬉しい限りです。

平成三十一（2019）年一月吉日

監修者　小林　宏至

第1章

失敗を恐れては起業できない

世の中は成るようにしかならない。
しかし、成るように成る。
どんな逆境にあろうと
「今が一番チャンスだ」と、
熱く思い行動すれば。

人は失敗から学べるか
――私的失敗学入門講座――

㈱システムユニ代表取締役
岡田敏明

《序》人は失敗から学ばなければならない

「人は失敗から学べるか」私はこのテーマで長年考え続けてきた。個人的にはこれまで多くの失敗を重ねてきた。二度と振り返りたくない、忘れてしまいたい失敗体験も数多い。思い出すたびに自己嫌悪に陥っている。

『愚者は経験に学び、賢者は歴史に学ぶ』初代ドイツ帝国宰相ビスマルクの言葉と伝えられている。

ここでいう愚者とは何者か？　と愚者であろう私は長年疑問に思ってきた。少し屁理屈を許していただくなら、愚者は自らの経験（失敗と成功？）にすら学ばない。だから愚者と言われるのではないか？　仮に愚者であっても失敗経験に学ぶことで賢者に近づくことができるのではないか？

人類の歴史は戦争の歴史だといった歴史学者がいる。戦争と戦争の間にわずかな平和があり、その平和は次の戦争の準備期間であった。戦争を人類の壮大な失敗だとするならば、人類は失敗の歴史だといえる。つまり戦争は愚者の歴史ではないか。そして人類は歴史に学ぶ賢者が未だに出ていないといえる。では、ここで言う『歴史に学ぶ賢者』とは何者なのか？

２０１１年3月11日に起こった東日本大地震とその後の大津波、そして東京電力福島原発事故とその後の対応について私たちはどれだけ学んだであろうか。

特に、西日本に住む私たちは実体験することなく、すでに過去の出来事として忘れ去られようとしている。もう数年で単なる歴史の一ページとして記されることになるのであろうか。

近年、日本社会は、個人にしても、企業・組織にしても何度も同じ失敗を繰り返している。もっとも当事者は同じ失敗を繰り返しているといった自覚を持っていない。

『愚者は経験に学び、賢者は歴史に学ぶ』を『愚者は自分と他人の失敗・成功体験に学んで賢者となり、賢者は自国と他国の失敗と成功の歴史に学んで真のリーダーになる』と読み替えてみた。今こそ真のリーダーの出現が待望される時代はない。

畑村洋太郎東京大学工学部名誉教授（東京電力福島原発政府事故調査委員長）が失敗学会を立ち上げて15年目となる。学会創設以来、一会員として大会開催や失敗学の普及に多少なりともかかわってきた。そうした経験から個人として、長年企業・組織人として失敗から何を学び、二度と同じ失敗をしないためにどうすべきか、失敗を成功に結びつけるために今後どうすべきかを考え続けてきた。

P・Fドラッカーの厳しい警告

組織の失敗の多くは、人事の失敗に起因している。マネジメントの父と言われるP・Fドラッカーは人事こそが、つまりは誰をその地位につけるか、またはその地位から外すかがマネジメントの最大の役割だという。しかし、多くの組織で人事が失敗に終わっている。過去の失敗に真摯に向かいあい、失敗を乗り越えて、失敗を生かすことができる人材こそがいま必要な人材なのだ。組織の失敗はこうしたことが重要だとの自覚をトップマネジメントが持っていないことからきている。しかし、現在の日本社会をみると一度の失敗で役職を外され、失敗の経験が蓄積されず、後任にはより経験のない人材を充てている。これでは失敗にめげず、何度でもチャレンジしようとする人材はでてこない。そして致命的な失敗を引き起こすことになる。

P・Fドラッカーは、

『間違いや失敗をしたことのない者だけは信用してはならない』という。

そのような者は、無難なこと、安全なこと、つまらないことにしか手をつけない。

人は優れた人ほど、失敗の数も多くなる。なぜなら、新しいことに立ち向かっていくからだ。

もし、私が経営者だったら、ミスしたことのない人物、特に大きなミスをした経験がない人物は絶対にトップレベルの職には就かせない。

失敗の経験がないということは、凡庸な人物にすぎないということと同義だからだ。チャレンジをして失敗した人間は貴重な人材である。もちろん２度としないための真摯な検証がもっとも大切である。そして、後任のトップレベルの地位に絶対つけてはいけない人物として、凡庸な前任者のコピーをあげ、また、選定の基準はその組織が目指す使命と達成すべき仕事を基準とすべきだという。

私は、このドラッカーの言葉は今の日本社会への厳しい警告の言葉ととらえている。

人は失敗する動物である

人は誰でも失敗する。人は失敗に真摯に向き合うことから、失敗から学ぶことができるのではないか。どんなに精巧につくられたモノでも仕組みでも、人が作ったものは必ず壊れるものだと自覚すべきである。その前提で失敗を回避する、事故などが起こった場合、事前に減災の対策をとるべきであろう。

「俺はこれまで失敗したことがない」と豪語する知人がいる。相当な自信家だといえる。自分自身を客観的に見ることがなく、失敗の自覚がない人であるともいえる。もちろん、ある程度社会的に成功している人の中には、途中の挫折や困難をものともしないで乗り越えている人がいる。

松下幸之助夫人むめのさんは「難儀はしましたけど苦労はしてません。」といった言葉を残している。「難儀」は大変だけれども乗り越える目標であり、成功までの経過に過ぎない。こうした人は途中の失敗などものともしないで乗り越えている。

今から15年以上前に、経済産業省のE―ジャパン構想の一環で、製造業のＩＴ導入支援のために北海道から沖縄まで全国約20か所で経営者やコンサルタント向けに研修会を実施したことがある。その地域・地域で様々な個性的な人に出会った。また、南北に長い日本列島の自然環境の多様さや地域の風土にも触れることができ、個人的には非常に貴重な体験であった。しかし、一方で、日本列島に住む我々がもち続けるべき記憶遺産があることに改めて自覚させられた。

日本列島の各地で何度も様々な自然災害に見舞われていた。それでも日本人は、それを乗り越えてきた。日本列島に住み続けてきた祖先からの記憶遺産は日本全国に地名や遺跡として、また言い伝えとして残されている。神社や地方祭の由来も災害につながるものがある。

その研修会では冒頭に、三陸沖での明治29年大津波ののちに子孫への戒めとして、その大津波が来た標高30メートルの高台に建てた石碑の写真を見てもらうことから始めた。その石碑には次の戒めの言葉が書かれている。

「高き住居は
子孫《こまご》の和楽

想へ惨禍の大津波
此処より下に家を建てるな
明治二十九年」

残念ながらその写真には、石碑の下に民家が立ち並んでいた。俗に、３日３月３年30年といわれる。個人の記憶から組織そして地域社会の記憶が徐々に失われていく経過をこの数字が表している。悲惨な災害や事故の記憶もやがて時間とともに風化する。

この研修から、10年あまりのちに起こった、２０１１年3月11日の東日本大地震と大津波そして東京電力福島原発事故の映像は、まるで白昼夢を見ているように今でも鮮明に覚えている。

個人でも組織でも地域や社会でもその失敗の記憶を風化させないためにどうすべきかと思い悩んでいた時に出会ったのが失敗学（畑村洋太郎東京大学名誉教授「失敗学会会長」）であった。

失敗学との出会い

自らの失敗を直視することほどつらいものはない。

特に人生の岐路に立つような失敗、就職や結婚の失敗、死に直面する病・事業や仕事での失敗・リストラによる失業・家族との死別・離散等々、いくつかは一生のうちに、必ず誰しも経験することである。しかし、失敗に真摯に向き合わなければ何度も同じ失敗を繰りかえすことを我々は何度も経験している。もちろん失敗には自分の力ではどうしようもできないこともある。それでも、そこから何かしらか学ぶことはできる。

「失敗学」では、失敗について『その原因・行動・結果の3つの観点』でとらえている。つまり、失敗には「その原因」があり、そこから「失敗につながる行動」となり、「失敗の結果」につながっているという分析である。さらにその原因を、「無知」「不注意」「手順の不順守」「誤判断」「調査検討の不足」「環境変化への対応不良」「企画不良」「価値観不良」「組織運営不良」「未知との遭遇」の10に分類している。

この中で、自然災害や全く予測もできない事態である「未知との遭遇」以外の9つの項目はすべて、個人か組織、または地域・社会が過去の失敗から学ぶことで克服できるものである。

しかし、現代の日本社会では戦後70年のうちに復興から急成長・安定社会となり、今や日本社会の停滞が言われて久しい。先人たちの成功体験・失敗体験も風化してきている。2011年3月の東日本大地震ですらすでに風化が叫ばれている。

失敗からどう学び直すか

過去の失敗事例をいくら学んでも個々の事例に生かすことはできないという人がいる。個人的な経験からも数多くの失敗事例がそのまま参考にはならないことは理解できる。多くの失敗事例を成果に結びつけるには自らの置かれた状況に読み替えなければならない。

成功事例にすら学ぶことは難しい。個人的なことだが、かつて製紙会社勤務の時に会長が松下電器（現パナソニック）の創業者松下幸之助に学べと度々言っていた。

しかし、当時の幹部は口をそろえて「うちは装置産業、あちらは家電メーカー」と言っていた。製紙メーカーを退職して数年後、ある家電メーカーの幹部から「うちは家電メーカーなのにトヨタから学べと言われているんだ」とこぼしていた。どちらも、学ぶべき視点や自分の立ち位置を間違えていた。業態が違い、企業環境が違うことは自明のことであり、学ぶべきは「なぜその成功・成果を生んだのか」についてだった。学ぶ姿勢のないものは成功から学ぶことはなく、いわんや失敗ついてはなおさらである。

失敗学会の畑村洋太郎会長は現在の多くの組織には「偽のベテラン」が跋扈《ばっこ》しているという。「偽のベテラン」とは、年齢を重ねただけで、責任者・役職についている人つまり、周囲の変化に応じず、決まりきったことをやる人をいう。「偽のベテラン」の跋扈はそのまま組織の停滞を生み、挑戦の風土が失われ、何度でも同じ失敗を重ねている。次世代の人材が育たず、環境変化の激しい時代からますます取り残されている。

畑村会長はみんなが「真のベテラン」を目指してほしいという。「真のベテラン」とは自分で観察し、自分で判断し、自分で試して、その中の要素がどのようにからんでいるか、全体像をつくり、自分で学び取って、やっていく。つまり、毎回、頭の中に科学的な理解をつくりながら、新しい全体像を作り直すということをやっている人をいう。そのためにはその組織のトップはそうしたことが可能な環境や場を作り、「真のベテラン」を目指すものへの支援と正当な評価をやり続けることであろう。何よりまずはトップ自らが「真のベテラン」に一刻も早くなることである。

致命的な失敗をしないために自ら学ぶことの大切さ

これまで私は、中小企業大学校や大学・多くの企業などでマネジメント研修をおこなってきた。その時に気が付いたことがある。ほとんどの者が、現在何が問題・課題か、つまりどこに自分達は立っているのか、ゴールはどこか、何を目標・成果とするか、そのために何をすべきか、何を学ぶべきかを個人も組織も持っていないことであった。

つまり、成果を出すに至る道筋を描かないまま、まるで地図もコンパスも持たないままに大海原へ一人小舟で乗り出すようなものであった。これではどんな研修も役立たない。

このことに気が付いてから、セミナーの冒頭に「登山における概念図」を例にあげ、事前の仮設・検証と成果を出すまでのストーリー作成の必要を訴えてきた。

「登山における概念図」とは、大学時代山岳部に所属していた時の話である。新人時代に徹底的に叩き込まれたことに、事前に山行する山の概念図を書く事があった。

①5万分の一の地図や過去の山行記録、遭難事故・登山雑誌の記事などから自分の概念図（大枠のルート図）を書いた。（大枠のスケジュールは決まっていたが、さらにルート上の難所、

水場・休憩場所などを書いた）
②概念図を書くと相互にチェックし、指摘や補足をしながらさらに完成させる。
③こうして、苦労して書いた概念図は頭に叩き込んだあと破り捨てた。
大学2年の夏、14日余りかけて南アルプスを縦走したが途中、風雨や霧で立ち往生したり、隊列からはぐれたり、最後の方は疲労困憊したが、全体の縦走路を完全に頭に叩き込んでいたおかげで、チームでの行動を取りながら、時々刻々と変化する状況に不安を感じることなく冷静に対応できた。

企業や組織の経営戦略立案・遂行においてもこの概念図の運用に共通するものがあるように思う。つまり、
①全員がゴール（成果目標）とそこに至る全ての道筋（行程）、そしてネックや解決すべき課題について事前に検証しておく。
②不測の事態に常に備える訓練をする（万一の場合に備えて仮想・演習を行う）。
③この道筋の中で自らの役割を自覚し、全体の目標に常に照らしながら、個々人で与えられた責任を果たす。
あの発明王エジソンが残したといわれている名言がある。

『私は失敗したことがない。ただ、一万通りの、うまく行かない方法を見つけただけだ』

これを言い換えれば、エジソンは自分は何をなすべきか、過去のやったことで二度とやらなく

てもよいことはなにかを常に考えていたといえる。

我々はエジソンになることはできないかもしれない。しかし、チャレンジし続けることでエジソンに近づくことはできる。つまり、成功までやり続ければ失敗はない。

◆　◆　◆

岡田　敏明（おかだ　としあき）
1954年　愛媛県宇和島市生まれ、同志社大学法学部卒業
1978年　大王製紙㈱入社（営業・人事・経営企画・物流・関連会社創業・再建）
2001年　㈱システムユニ創業・代表取締役就任
国内及び海外（中国・タイ等）企業（製造業）のシステム構築・運用支援、経営戦略立案からIT化企画まで立案・実行支援
愛媛大学・中小企業大学校等講師、タミワ玩具㈱顧問等
講演：製造業のIT経営・失敗学・ドラッカーマネジメント等

■塾長講義録〈鉄則1～6〉

❶どんなときでも、「今が一番チャンス」だ。

「世の中は成るようにしか成らない。しかし、成るようにも成る」

私はいつもそう思っている。悩んでも悩んでも成るようにしか成らないが、やることはすべてやった上で、ずっと念じていれば成るように成る、ということだ。

「人事を尽くして天命を待つ」の心境だ。人事を尽くさなければ、何もやらなければ天命の待ちようがない。すべてのことにおいて、今が最適であるし、今が一番チャンスのとき。そう思って物事を進めないと始まらない。

とにかく自分の可能性を信じて行動を起こすことだ。とくに商売というのは、やってみないとわからないことが多いのだから、走りながら考えたらいい。

時流の追い風に乗ることも大事だが、逆風のときは何もしないでいいのかというと、そうではない。私が商売を始めたときは逆風だったし、平成元年のバブルのときも逆風だった。その頃は商売だけでなく人生そのものも逆風で、何をやっても上手くいかず苦しんだが、結果的にはそれがよかったのだ。

逆風のおかげで第二創業をする気にもなったからだ。見方によれば、だいぶ遠回りしたようだけれど、私にとって第一創業期の十年間は、商売人として大事な修行時代でもあった。

人は、大きな試練を与えられたときにこそ、本当の人間性、人間力が現れる。すべては自分の責任であり、すべては自分の考えと行動の結果なのだ。そのときに、世の中や他人のせいにしたり、止める言い訳を考えたりして前進しなければ、一生後悔することになる。

「どんなときでも、今が一番チャンスだ。ゼロからもういっぺんやろう」

逆風のときもそういう気持ちで乗り越えることで人間としての成長があり、経営者としての信用力・人間力も備わってくる。

❷ 腹をくくらなければ、独立起業は永遠にできない。

自分は何歳のとき会社を辞めて独立するべきなのか。いずれ起業を考えている人は、その潮時について大いに悩むことだろう。人にはそれぞれ事情があるから一概にはいえないが、ほんとうに準備ができたと確信したら25歳でも30歳でもかまわない。

会社勤めで40歳を過ぎる頃は、責任ある社内のポジションがあり、給料もそこそこもらっている。家庭持ちとなれば子どもの進学や家のローンのことも頭をよぎる。こうなると辞めたくても決断できないのだ。そして、あっという間に50歳になってしまい、独立はもう諦めるしかないと自分に言い聞かすだろう。

では、会社勤めをしないで独立するのはどうか。ビル・ゲイツもスティーブ・ジョブスも孫正義も、二十歳そこそこで起業して大成功した。だから起業は早ければ早いほどいい、失敗してもやり直しがきく。そういった考えの学生起業家も多くなっているようだが、私はそこに危うさを感じてしまうのだ。

彼らは時流に乗ったＩＴ産業のヒーローであり、ほんの一握りの成功者である。才能と強運と強い意志のすべてがそろってこその成功であり、彼らの陰には敗れ去った人たちが累々と山をなしている。二十代初めの起業が悪いというわけではないが、敗者たちのほうが圧倒的に多い現実を認識しないといけない。

とにかく、経済的に安定した生活を投げうってまで起業しようとする人は、目先の利益のためではなく、自分の大きな夢や志の実現のため、当面の苦難は覚悟しなくてはいけない。そういう決意で腹をくくらなければ永遠に独立起業はできない。

❸ 裸一貫の屋台精神が一番大切だ。

小売商売を始めて私が痛感したことは、商売というのはまさに「飽きない」ということだった。日々汗を流してコツコツと堅実に続けていくのが商売の基本なのだ。そこから何ものにも代えがたい信用力がついてくる。

私は、この商売の基本を、金をかけずに出来る「屋台精神」と呼んでいる。そして若い起業家には、「本当にビジネスで成功しようと思うのなら、まず堅実に屋台から始めなさい」と、口をすっぱくして言っている。

起業のさいは裸一貫で屋台ラーメンからでも始める気持ちが一番大切ということだ。事務所などは机と電話一つで雨風がしのげればいい。そういう覚悟と堅実さが屋台精神である。私は百貨店での対面販売で、好みや考え方が異なる一人ひとりのお客様へのセールストークを実地で学んだだけでなく、「商いの基本と精神」をお客様から教えられた。

おしゃれな若い起業家たちのなかには、見栄えをよくして信用を得ようといった理由で、最初からきれいな事務所や店舗を構えたりする人が少なくないが、そういう人はほとんど失敗している。

商売は信用が第一だが、見栄をはった信用などはすぐメッキがはがれてしまう。そればかりか、余計な経費を垂れ流す結果となり、たちまち資金繰りに困ることになる。実際、ベンチャー起業家の大半がそれで会社を倒産させている。

商売をするのにそんな心構えでは絶対成功しない。まずは金をかけず屋台精神で始めるという現実的な姿勢で、なおかつ情熱と才覚のある人が起業家として成功しているのだ。

❹ 血がたぎるほど必死にやれば、出来ないことはない。

起業したころは、大学で学んだ知識や会社勤めの経験などはまったく関係なかった。名画の知識もセールスの「セ」の字も知らないド素人が、一年で何とか商売を軌道に乗せることができたのは無我夢中で取り組んだからだ。

商売の世界に学歴などは通用しない。一人前の商売人になりたいという必死の思いがあったから、私は丁稚あがりの商売人になりきっていた。

あるとき百貨店の人から、

「おたくはどこで奉公したんですか」と言われたときは実にうれしかった。まだ半人前だったが、いちおう叩き上げの商売人と見てくれたからだ。

毎日が実践勉強の連続で、文字通り、寝食を忘れて仕事に打ち込んだ。

「仕事の悩みを解決するには、もっと仕事をするしかない」。

ソフトバンクの孫さんもそう言っているが、この言葉は事業家の誰もが同感するだろう。

起業して現場に立ったときは先ず「頭をはずす」ことが大事である。そしてどんな過酷な現場であろうと、自分の汗と涙で１００％やりきること、それが事業であることを頭ではなく身体で理解しなくてはいけない。

起業してから自分が思い描いていたことが市場ニーズと全くかけ離れていたといったことはよくある話だ。そのときどう判断し、どう決断・行動するかにかかっている。

私が見てきたベンチャー起業家の多くは、現場の厳しさの前でつまずき、あっさりと諦めてしまっている。

――現場に立ったとき、絶対諦めるな。人間、血がたぎるほど必死にやれば出来ないことはない。

私の経験からこの言葉を贈りたい。

⑤ スクラップ&ビルドの連続が事業というものだ。

マーケットが大きくなる可能性のある商売には、かならず競合があらわれる。そのとき、しっかりしたビジネスモデルを確立していないと、後発にすぐ追い付かれてしまう。時代のニーズに則したどんなビジネスであっても、それを継続的に発展させられるかどうかは、ビジネスモデルの創り方とその更新にかかっている。

第三創業までの四十数年間を振り返ってみれば、私がスクラップ&ビルドしてきたのは『甲南チケット』の店舗だけではない。M&Aによって『甲南チケット』を売却して、商売（ビジネスモデル）そのものもスクラップ&ビルドしてきたわけである。

とにかく第二創業以降の私は、スクラップ&ビルドの連続が事業というものだという信念でやってきた。

不動産プロパティマネジメントの知識やノウハウもなかった私が、第三創業をしたのは、そういう信念とともに新たなビジネスに対しての燃える情熱があったからだ。

これから起業しようという若い人には、第二創業や第三創業の話をしても実感的に理解することは難しいだろう。それでもあえて言っておきたいことは、スクラップ&ビルドができないのは事業ではなく、家内経営を抜けだせない小商いということである。実際、成功している事業家の多くは、商品の、店舗の、人材の、業種の、業態のスクラップ&ビルドを実践することで事業を発展させている。

起業するからには、若い人には大きな野心をもってほしい。だから私は講演などで、「大きな夢と目標を持って、スクラップ&ビルドできるような事業を目指せ」と言うのである。

❻「スクラップ&ビルド十八の法則」を創る。

「スクラップ&ビルド十八の法則」。これは私が実践のなかで築きあげた法則で、最初の著書『起業の鉄則』（2005年発行）で紹介している。私がビジネスをする上での基本中の基本であり、この考えは今も変わっていない。

〈法則一〉　撤退するときは積極的に撤退する
〈法則二〉　決断を先延しにするな
〈法則三〉　人材のアウトソーシングをシステム化する
〈法則四〉　パートやアルバイトを最大限に活用する
〈法則五〉　仕事に応じて意欲を持たせる給与体系をつくる
〈法則六〉　契約に基づくパートナーシップを確立する
〈法則七〉　仕事の簡素化によるオン・ザ・ジョブ・トレーニング
〈法則八〉　経営全体を把握できる管理システムをつくる
〈法則九〉　コンピュータ管理システムで人員を減らす
〈法則十〉　競争の激しい超一等地を狙え
〈法則十一〉　好立地で最強のライバルを真似して追い越せ
〈法則十二〉　いくら立地が良くても潮時となれば撤退せよ（撤退する勇気）
〈法則十三〉　早期発見、早期撤退がスクラップ&ビルドの鉄則
〈法則十四〉　キャッシュフローと立地条件がスクラップ&ビルドの判断基準
〈法則十五〉　運転資金は少なくとも二割の余裕を持て
〈法則十六〉　資金回転率を高めるために金を眠らせるな
〈法則十七〉　質素倹約に励み余裕資金をつくれ

〈法則十八〉　できる限り比例費経営の体質にする

要するに「人・モノ・金の活かし方」についてまとめたものだが、経営マネジメントの基礎もすべてここにある。

第2章

ビジネスモデルをどう創るか

二十一世紀は
ビジネスモデル競争の時代である。
最適なビジネスモデルを発見し
戦略経営を実践することが成功への道である。

ビジネスモデルの概念について

兵庫県立大学名誉教授
小西一彦

はじめに

わが国でビジネスモデルの用語が頻繁に使用されるようになったのは、１９９０年代の後半以降である。したがって、新時代の経営の用語であると見ることができる。

新時代の経営は、私の理解するところで言うと「戦略経営」である。新時代の「戦略経営」は、それ以前の経営が「管理的」であったのに対して、基本的に「戦略的」になったというところに大きな特徴がある。それは１９８０年代のアメリカ合衆国（以下、合衆国）で始まった。わが国では１９９０年代の後半以降からと考えられる。それはビジネスモデルの用語が頻繁に使用されるようになった時期と重なる。

ビジネスモデルの諸類型

ビジネスモデルの概念については、すでに多くの文献が存在している。しかし、用語の定義は専門家の間でも未だに統一がされていない。概念も人によってまちまちで掴みどころがない。最近、ようやく、既存の文献を整理して、体系的な理論を構築しようとする動きが出ている（文献9、文献13）。しかし、概念と理論の研究はまだ初期の段階にあると言えそうである。問題と課題は山積みである。本稿はこの用語の概念について若干の考察を行ない私見を述べるものである。その前に、ビジネスモデルと称される諸形態（型）のいくつかを概観しておくと良いかもしれない。次ページの第1図表は、平野敦士カール氏の『カール教授と学ぶ成功企業31社のビジネスモデル超入門！』㈱ディスカヴァー・トゥエンティワン、２０１２年）からの抜粋に少し加筆し修正したものである。詳しい内容は同書を参照されたい。但し、これらが果たしてビジネスモデルであると言えるかどうか、言えるとしてもどのような理由でそうだと言えるのか、については、まだ、この用語の定義や概念、理論が十分にできていない段階であるので、正しい判断は難しい。現行の「ビジネスモデル」を評価し、検証するための「ビジネスモデル論」の構築が急がれる。

ビジネスモデルにおける「ビジネス」の概念

冒頭で、ビジネスモデルは新時代の経営の用語であると言い、また、新時代の経営は戦略経営であると言った。つまり、ビジネスモデルの対象である実体としてのビジネスは戦略経営であると言ったことになる。果たしてそれは正しいか。これは既存の定義とは少し異なるので私としては検証する義務がある。

IT利用の新型ビジネスの登場とその衝撃

1990年代の後半頃から、インターネット・ビジネスに代表されるIT利用の新型ビジネスが登場した。それら新型ビジネスは、ITを利用したビジネスであっただけでなく、既存型のビジネスとは経営の考え方や方法、仕組みなどでも大きく違っていた。ビジネスの全体でも画期性があり、それ

第1図　ビジネスモデルの諸類型

1）ＩＴ関連のビジネスモデル
1.フリーモデル(あるものを一つ買えば2つめは無料にする)
2.フリーミアムモデル(無料と有料の商品を組み合わせる)
3.３者間市場モデル(消費者は無料に、経費は第３者が支払う)
4.非貨幣経済モデル(金銭以外のインセンティブで売買を成立させる)
5.プラットフォームモデル(複数のグループのニーズを仲介する)
6.オープンモデル(仕様を公開し、ユーザーに場を形成してもらう)

2）流通チャネル関連のビジネスモデル（膨大なビジネスモデルが存在する）
1.ＳＰＡモデル(自社ブランドの企画と製造、物流、販売の一貫経営)
2.直販経路モデル(顧客とのダイレクトな受注と販売)
3.マルチ販路モデル(販路ごとで価格を変える)

3）問題解決型のビジネスモデル（ビジネスモデルの宝庫と言える）
1.ソリューションモデル(顧客の問題を解決するビジネス)
2. BOP(Base of Pyramid)モデル(社会の底辺層をターゲットにする)
3.ソーシャルビジネス(社会問題を近代経営の手法で解決する)

4）競争優位構築のためのビジネスモデル
1.レッドオーシャン戦略(既存の市場空間で競争する)
2.ブルーオーシャン戦略(競争者のいない市場空間を切り開く)
3.参入障壁モデル(他者よりも早く参入して高利益を上げる)

5）収益構造関連のビジネスモデル
1.抱き合わせ販売モデル(例、コピー機を安くしてトナーで稼ぐ)
2.分割モデル(例、創刊号は安くして継続購買を狙う)
3.ロングテールモデル(たまにしか売れないものも揃える、例、アマゾン)
4.製品ピラミッドモデル(ピラミッド型の商品構造、例、スウォッチ)
5.会員制モデル(年会費を払って会員だけが買えるようにする)
6.ブランドマルチ展開モデル(ブランド効果の横展開、例、ディズニー)

ゆえに高い成長の可能性が感じられた。それが既存型の企業に衝撃を与えた。既存型企業も、従来のままでは社会の要請に応えることは難しく、事業の見直しや新事業の創造などは必須であることは十分に承知していた。しかし、その対応はあまりにも遅く、成果もわずかであった。新型ビジネスの登場とその衝撃が契機になって、ようやく本格的に新時代の経営を行なうようになった。経営の研究者たちも新時代に対応できる経営のあり方を研究するようになった。そんな中で、ビジネスモデルの概念の有用性が評価されて、ビジネスモデルの研究が始まったのである。

このような状況を反映してか、初期のビジネスモデルの研究対象となったビジネスとしては、インターネット・ビジネスやＩＴ関連の新型ビジネスが多かった。日本の特許庁も「ビジネスモデル特許」を制定するにあたり（２００２年）、あえてＩＴの使用を認可の条件としたのも、このような時代状況を反映していたのかもしれない。

しかし、その後、ビジネスモデルの事例研究や実証研究を通じて、ＩＴ関連の新型ビジネスだけがビジネスモデルの対象であるとは限らない、他にも関係のビジネスがあることが明らかにされた。今では、ビジネスモデルの対象にならないようなビジネスを探す方が難しいほど、広くビジネス一般に拡大している。もちろん、ビジネス一般という名のビジネスは存在しない。どのビジネスも特殊な形態で存在するビジネスである。研究では、それら特殊なビジネスの特殊性を、ひとまず、意識の層で捨象して、一般的な形態のビジネスを仮構し、表象して概念化する。その際の一般的な形態のビジネスとは何かが問題である。人によっては「太古の昔にも存在したようなビジネス」まで対象と考える向きもあるが、それは拡げ過ぎで、そこまで一般化するとこの用語の本質や歴史的意義が解明できない。用語の歴史背景を考えると、私は新時代の経営である戦略経営であると思うのである。

イノベーション概念の拡張の影響

イノベーション概念の拡張もビジネスモデルの用語の頻繁な使用の契機であった。そのため、今もこれと強く関係した特殊な形態のビジネスが研究でイメージされている。ちなみにイノベーションの概念は、ビジネスモデルの概念よりも少し早く、1980年代に入った頃から見られた。当時は、まだ、製品や生産の技術に関係する程度だったが、1970年代の末頃に、わが国と欧米諸国との間で激しい貿易摩擦が起き、日本も独自技術の開発が必至となって、国を挙げてイノベーションの投資が行なわれた。2007年には、R&D支出でアメリカに次いで世界第2位という水準のイノベーション投資大国にまでなった。しかし、その投資で得た特許による世界市場を長期に維持できず、撤退するという事態が多発した（クレイトン・クリステンセン教授の「イノベーションのジレンマ」の好事例）。問題は、第1に、イノベーション概念の誤認、第2に、技術と生産が起点のリニア型イノベーション開発思想への強いこだわり、第3に、世界の市場構造の変化への過小評価、第4に、ビジネスモデル設計の誤りであった。イノベーションの概念は、経済学者のJ・シュンペーター（『経済発展の理論』1912年）の提唱によるものであったが（原書では「新結合」、イノベーションの意）、それは技術の革新だけではなかった。技術も原義ではより広い内容の概念であった。1990年代の後半になって、ようやく技術とイノベーションの概念がより広く解釈されるようになり、マーケティングや経営組織などにも適用された。そして経営の全体にも適用されるようになって（経営革新）、ビジネスモデルとの接点が生まれた。また、ベンチャー経営との接点も出てきて、イノベーションとベンチャーとビジネスモデルが互いに関係し合うようになった。今では、これらは統合して経営全体の革新に大きく貢献する要素として機能している。そこで、ビジネスモデルの対象としてのビジネスは、イノベーションやベンチャーと関係したビジネスである、という認識が生まれる。実際、イノベーションやベンチャーと関わることで、新型のビジネスモデルが開発されたり、企業や社会に大きく貢献しているという事実は沢山見られるようになっている。

しかし、このイノベーションやベンチャーも、必ずしもビジネスの全体を代表するものではなく、その一部である。ピーター・ドラッカーの言葉を借りるまでもなく、イノベーションは、マーケティングとともに経営にとって重要な、しかし、一つの機能である。これをビジネスの全体と認識して、イノベーションを起すビジネスだけがビジネスモデルの対象であると考えるのは妥当でない。同じくベンチャーもビジネスの特殊な形態でありステージである。それらよりも、それらも含んだビジネスの全体である戦略経営こそが、ビジネスモデルの対象であるビジネスであると考えるのが正しいと思うのである。

合衆国の戦略経営と戦略経営論、ビジネスモデル研究の影響

第3の契機として考えられるのは、これも1990年代の半ば頃からであるが、その前の1980年代に合衆国で誕生した戦略経営と戦略経営論が日本でも本格的に浸透し始めたことである。同じ頃に、合衆国のビジネスモデルの研究の成果も伝わってきた。それらの影響で、日本の経営研究やマーケティング研究、会計研究などが新しい展開を見るようになった。そこで考えられたビジネスの概念がビジネスモデルの定義に大きく影響している。私の考えと大きな違いが生じるのはこの点である。

わが国の経営研究では、それまでも、「価値創造」や「競争優位」、「経営成果」などの概念は、経営の部分や個別の資源と関係づけて、機能主義的に考察される傾向が強かった。合衆国からの戦略経営や戦略経営論、それにビジネスモデルの研究成果の影響とわが国での戦略経営の実体の影響も受けて、既存の経営の概念の見直しが行なわれた。その中で、ビジネスモデルの概念の有用性が評価され、利用されていったのである。

「価値創造」については、例えば、利益を目的にするだけでなく、社会問題の解決を考える事業においても、企業は顧客に何らかの「価値創造」を提案する必要があったが、それには、既存の単数主体よりも複数主体の考え方が入った「ビジネスモデル」の概念の方が合理的であった。「競争優位」の概念に関しても、これまでの経営学では競争の優位性の源泉は個別の構成要素に求められていたが、それよりも経営の構成要素の全体が競争優位の源泉であるとするビジネス

モデル概念の方が実体への説明力があると考えられた。

「売上」や「利益」などの「経営成果」についても、これまでの経営学では、どちらかと言えば会計的要素であるので、経営者の意思決定では、過小評価されるか、後回しにされる傾向があった。しかし、ビジネスモデルの概念では、それらは他の要素と同じ程度に重要視されていた。おりしも、欧米企業と比べての日本企業の利益率の低さが問題になり、それの原因解明と対策の提案が課題となった時期とも重なり、ビジネスモデルの概念の特質が、理論だけでなく、実践でも評価を得て、利用されるようになったのである。

このような状況を反映して、「ビジネスモデルとは価値創造の仕組みである」や「競争優位を生み出す仕組みである」「稼ぐ仕組みである」「儲けを生み出す仕組みである」などといった主張や定義がなされていった。現在は、これらの主張や定義は、相当、多くの人に受け入れられている。また、それを基礎にビジネスモデルの研究や開発が行なわれている。

しかし、そのような主張や定義から推測されるビジネスは、いずれも実際のビジネスの全体ではなく一部である。それも機能主義的な視点から見たビジネス像である。「仕組み」という用語がよく使用されるが、それも構造、システム、制度、など、ビジネス全体を構成する要素の一部である。そのような一部から全体を定義するのは妥当とは思えない。

定義における本質と機能

あるものの概念を定義する場合は、そのものの本質を第1とすべきであって、機能ではない。ビジネスモデルの既存の定義は、いずれも目的と手段の関係を基礎にした機能重視の定義になっている。ちなみに、「本質」とは、（これは私なりの理解であるが）「それがなければそのものたりえないあるものに固有のものである」と定義される概念である。ここでの『もの』には「事物」「性質」「関係」「観念」が含まれる。一方、「機能」とは、「あるものが他のものとの関係において見たとき、その他に対して果たす役割のことである」と定義される概念である。「本質」は特殊で限定的であるが、「機能」はその基礎になる関係が無数であれば無数に存在できる。「本質」よりも「機能」を優先すると、それこそ何十何百という定義ができるようになる。その結果、林は森になり、本質は見えなくなってしまう。本質を把握できてこそ、機能も、本質的な機能とそうでない機能を区別できるようになるのである。

「もの」には、いろいろな事物があり、性質があり、関係がある。また、その関係における他への役割としての機能がある。ビジネスは全体であるので、その要素である「もの」や機能の一部だけを基礎にして全体を定義するのは間違いである。既存の定義は、いずれも内容としては重要なものを含んではいるが、それらの他にも、まだ、重要なものがいろいろある。例えば、「理念」や「目標」、「文化」、「リーダーシップ」などは、戦略経営では重要な要素である。それらのいずれかを軸に意思決定を行なうことでも、企業は、顧客から評価を受け、従業員からも忠誠心を得て、高い業績を上げることはありうることである。ビジネスモデルの対象としてのビジネスの定義や概念は、そのような可能性を残すものでなければならない。

以上、ビジネスモデルで使用される「ビジネス」について、既存の文献では、あまり議論はなされていないのであるが、推測も交えて、ビジネスモデル用語の登場の3つの契機から概観し検討した。いずれも私の目からすれば妥当であるとは思えない。それらよりも、「戦略経営」であると考えた方が正しいと思われる。もちろん、それでは、「戦略経営」とは何かについての説明が求められるが、それは後で述べるとして、その前に、もう一つ、「モデル」という用語についても見ておかねばならない。

ビジネスモデルの「モデル」について

ビジネスモデルの「モデル」についても、既存の文献では殆んど議論がなされていない。定義も見つからないので不思議に思える。「モデル」という用語は、広く一般でも使用されているので、改めて議論する必要はないと思われているのかもしれない。しかし、「ビジネスモデル」の定義では、頻繁に「ビジネスモデルは……の仕組みである」と言われているので、それでは「モデル」は「仕組み」かと問いたくなる。もちろん、「モデル」は「モデル」であって「仕組み」ではない。そこで、この「モデル」とは、一体、何かについて、やはり議論する必要があるように思うのである。これを通じても、ビジネスモデルの本質に迫れるかもしれない。

まず、「モデル」は専門用語ではなく知識用語であると考えると、資料としては辞書が利用できる。例えば、『デジタル大辞泉』（小学館）を開けてみると、いろいろな「モデル」の使用例が書かれている。『大辞林　第三版』（三省堂）でも同じように事例がいろいろと紹介されている。それが用語の解説であるようであるが羅列的である。本質が書かれてないので、参考にならない。唯一、『世界大百科事典　第2版』（平凡社1998）でのみ、分類の基準が示され、事例が紹介されていて、これは分りやすい。参考になるので利用させていただく。

これによると、「モデルには基本的に二つの意味がある。一つは、絵画、彫刻、写真、小説などでのモデルであり、これはいわば〈原型〉としてのモデルである。人は、この意味でのモデルに基づいて、何かを作るわけである。いま一つは、プラスチックモデルで代表されるようなモデルであり、これはいわば〈模型〉としてのモデルである。この場合には、人は、何かに対してそのモデルを作るわけである。したがって第1の意味では、モデルは何かに先立ち、第2の意味では、何かがモデルに先立つことになる。」『世界大百科事典　第2版』（平凡社1998）

そこで、私なりに「モデル」の概念を定義すると、1）ある「もの」（事物、性質、関係、観念）を実現す前に、人間が意識の層で形成する、ある「もの」の〈原型〉または「基礎」「基準」「模範」「サンプル」「設計図」などである。または、2）ある「もの」（同上）が実現された後に、人間が意識の層で形成する、ある「もの」の〈模型〉または「模写」「模型図」「概念図」などである。

このように、「モデル」の概念は二義的である。いずれの「モデル」も「実在」に対応した人間の「意識」の産物である。ビジネスモデルの概念における「モデル」の概念も二義的であろう。基本的に右の2つの意味で使用される概念であると考えられる。第1は、あるビジネスが行われる前に、人間が意識の層で形成する、または文書やサンプルなどの形で存在する、未来のビジネスの〈原型〉または「設計図」などである。第2は、既に実践されたあるビジネスを観察し模写し模型化した、過去または現在のビジネスの〈模型〉または「模型図」「概念図」などである。但し、この第2のモデルを、他の人が模倣し変形したりして、それに基づき、あるビジネスを実践すると、それは、第1の意味の「モデル」として機能するので、第1の意味の「ビジネスモデル」の概念に含まれるだろう。

第1と第2のいずれの「ビジネスモデル」も、「実践としてのビジネス」に対応して存在する「観念としてのビジネス」である。第1の「ビジネスモデル」は、未来の「実践としてのビジネス」に先立つ、その〈原型〉または「基礎」「基準」「模範」「サンプル」「設計図」として存在する。この「ビジネスモデル」は、未来の「実践としてのビジネス」に役立つ「ビジネスモデル」である。または、実証研究に役立つ「ビジネスモデル」である。ここでは現在の「ビジネスモデル」（「観念としてのビジネス」）と未来の「実践としてのビジネス」は分離して存在している。但し、「実践」概念を広く解釈して意識活動も含むとすると、「ビジネスモデル」の形成行動も「実践」に含まれるであろうから、「実践としてのビジネスの一過程」ということになる。第2

の「ビジネスモデル」（「観念としてのビジネス」）は、過去または現在の「実践としてのビジネス」が行なわれた後で、そのビジネスの〈模型〉または「模型図」や「概念図」として存在する「ビジネスモデル」である。過去や現在のビジネスを対象に形成される「ビジネスモデル」であるので、事例研究や理論研究に役立つ「ビジネスモデル」である。但し、これを模倣し変形して、あるビジネスを実践したりすると、それは、第1の意味の「モデル」として機能するので、第1の意味の「ビジネスモデル」の概念に含まれるだろう。

このように、ビジネスモデルの本質を議論する前に、まず、その「ビジネスモデル」（「観念としてのビジネス」）は、どのようなビジネス（「実践としてのビジネス」）と関係したものであるか、実体との位置関係を正しく認識してから議論することが肝要である。さもなければ議論は混乱するだろう。なお、先にも述べたように、「ビジネスモデル」における「モデル」の概念も、「機能」ではなく「本質」を第一に考えて使用すべきである。さもなければ議論は百出し混乱するだろう。

ビジネスモデルの定義

以上、ビジネスモデルにおける「ビジネス」と「モデル」の2つの用語について、検討を行なってみた。これを踏まえて、ビジネスモデルの概念を、暫定的であるが、以下のように定義しておきたい。

「ビジネスモデルは戦略経営の〈設計図〉または〈概念図〉である」。そして、「モデル」の概念は二義的であったので、ビジネスモデルも二義的に定義すると、「ビジネスモデルは、未来の「戦略経営」の〈設計図〉であるか、または過去か現在の「戦略経営」の〈概念図〉である」ということになる。

そこで、「戦略経営」についてであるが、これは、わが国では、まだ、馴染みが薄いので、少し説明する必要があるだろう。これは、冒頭で書いたように、1980年代に、合衆国で生成した新時代の経営の概念である。この概念の研究は今では大きく発展していて、実務でも、成功事例は沢山見られる。現在、優れた業績を上げている企業の大概はこの戦略経営を行なっていると見てよいであろう。世界で最も普及している経営の形態である。そしてその本質を抽象し概念化していくと「ビジネスモデル」になる、あるいは、最適な「ビジネスモデル」に基づき実践すると「戦略経営」になるだろう、というのが私の見解である。

この戦略経営の主な特徴は、冒頭でも書いたように、それまで（「現代」）の経営が「管理的」であったのに対して、基本的に「戦略的」であるという点にある。この経営形態の登場は歴史的である。

資本主義の時代変遷（第1期と第2期）

私たちは、いま、資本主義の時代に生きている。欧州では約250年前に始まり、日本では

150年程前から始まった。

18世紀の中頃に、「第1次産業革命」が起こり、その頃から人類の歴史は資本主義の時代に入った。その資本主義の第1期（「近代」）は1880年頃まで続いた。その後、最近（1980年頃）までの約100年間は資本主義の第2期（「現代」）であった。この第2期の特徴は、経済も経営も「管理的」であったということである。世界の先進国の生産と市場は、ごく少数の大企業によって支配され（寡占）、それを基礎に市場の価格と需給は寡占的に操作されていた。社会問題の多くは、概ね、国家によって解決されたので、寡占企業は生産と市場を適切に管理できさえすれば大きな収益を得ることができた時代である。しかし、1970年代に入った頃から、資本の過剰でそれが難しくなった。市場は飽和化し、大企業同士が相互参入を行ない、市場の境界線は不鮮明になって、どの産業市場も超市場化し、グローバル市場化した。資本主義の市場は再び激しい対立と競争が支配する競争的市場へと構造的に変化したのである。それまでは国内の小さな市場で大きなシェアを占めたので寡占的に振舞うことができた大企業も、境界がなくなり超市場化すると、小さなシェアしか占められず、殆ど中小企業のような環境下におかれた。競争が著しく激化する中で生き残りをはかっていくには、どの企業も生産・流通・管理の全てにおいて大幅なコストの削減と市場に対して迅速でかつ的確な対応ができる経営へと変化していかなければならない。

新時代の到来（資本主義の第3期）と戦略経営

このような状況の世界で、まず最初に、新時代的な行動を開始したのは、日本であった。1970年代に2回の石油ショックに見舞われ、危機に瀕した日本は、石油に頼らない産業構造（知識集約型産業構造）への転換を決意し、コンピューター産業の育成に力を入れた。1980年代に半導体の生産で世界一になり、高性能の製品を次々と開発し、世界市場を席巻していった。その結果、合衆国では、産業が空洞化し、貿易、財政、外貨が赤字になった。これに対して、民間では「戦略経営」が行なわれるようになり、合衆国政府は、ソフトの情報産業と大量のベンチャー人材の育成、日本に対して円高攻撃（プラザ合意、1985年）と市場開放要請（日米産業構造問題協議、1989年～）を国家戦略として断行した。これが効を奏して、1990年代に入ると、合衆国は日本以上に成熟した超大国でありながら、高い成長率を実現し、現在に至っている。それ以上に、中国やインドなどの大洋州の諸国も、戦略経営と情報産業、ベンチャー人材の育成に力を入れて、高度成長を達成し、今もそれが続いている。一方、日本は、30年近く経済の低迷が続いている。この日米と大洋州の歴史と現実を視野に入れて、ビジネスモデルと戦略経営の問題を考えていく必要がある。

合衆国で、1980年代に戦略経営が登場したのは、日本との国際関係だけが理由ではなかった。国内的にも、合衆国の企業による「管理的経営」に問題があった。日本企業との競争で敗北を喫する中で、その経営の矛盾と限界が明白になった。

多様化し複雑化し激変する市場では、少数のトップだけでは経営の全てを正しく意思決定することは難しい。また、「マニュアル管理」では組織全体を有効に機能させることは難しい。「製品差別化」や「市場細分化」「計画的陳腐化」「多様化」「多角化」「多国籍化」など、戦後の合衆国企業が展開した経営は、いずれも一定の顧客や顧客ニーズを前提にした、製品、事業部、会社レベルの硬直的な戦略であった。しかし、1980年代以降の企業を取り巻く環境は、国境を前提と考えない、垣根が著しく低下した、特許で囲ったつもりでいてもいつの間にかオープン化してしまうような開放的な市場である。顧客も、成熟化し、グローバルに情報収集し、高度な情報通信機器を巧みに操作することができる、優れて新時代の人間である。「管理的」な経営戦略や経営行動が機能しないことは明白であった。加えて、限られた資本を有効に活用しなければならない総資本の観点からも、傘下の事業単位を分散放置しておくことは危険でかつ不効率であった。これらの問題は経営戦略の次元で解決することは難しい。傘下の多様性は認めるべきだが統合は必要である。そこで登場したのが、企業の理念（目的・目標）であり、SWOT（強み、弱み、機会、脅威の分析）であり、ドメイン（事業の領域の明確化）であった。まず、トップでこれらを決定し、その下で、傘下の成員もこれに整合するような戦略の策定と行動を行なう機能的な体系の経営へと転換が行なわれたのである。それが「戦略経営」であった。

「戦略経営」では、①経営者的な意思決定は、トップだけでなく、段階別、部門別、機能別に

第2図表　戦略経営の構成要素の概念図

理念	1．目的・目標 2．ＳＷＯＴ（強み・弱み・機会・脅威）分析 3．ドメイン（顧客・ニーズ・提供方法の範囲）
戦略	4．全社戦略 5．事業戦略（ＳＢＵ／各部門）
策定実施	6．機能戦略（マーケティング・生産・財務・人事） 7．組織マネジメント・人材育成・リーダーシップ
社会関係	8．評価システム 9．危機管理システム 10．周期戦略 11．社外ネットワーク・社会貢献

分化した各部門のミドルやボトムでも行なわれる、そのための権限が委譲された。あたかも全体は経営者集団のようである。

②そのような権限委譲を前提に、各部門でも、1．理念（目的・目標）、2．SWOT（強み、弱み、機会、脅威）の分析、3．ドメイン（誰に、何を、どのような方法で提供するかの事業範囲）がグループ整合的に決定され、共有される。

③その下で、4．全社戦略、5．事業戦略、6．機能戦略（マーケティング、生産、財務、人事）、7．組織のマネジメント、8．評価システム、9．危機管理システム、10．周期戦略、11．社外ネットワーク・社会貢献、などが、②に整合するように策定され、実施される体制になっている（第2図表参照）。

このように、従来の「管理的経営」にはなかった新しい経営の要素が加わるとともに、要素間の関係も大きく刷新されている。ビジネス全体が新しい。ゆえに新時代の経営であると言えるのである。この下で、マーケティング戦略も、従来の「管理的」であった「経営者的マーケティング」が、「戦略的マーケティング」へと名称も変わり、新しい展開を遂げている。経営組織も、それまでの硬直的で垂直統合型であった組織が柔軟で水平統合型またはネットワーク型へと大きく変化している。この戦略経営の下で、新事業、新市場の創造を行なうベンチャー経営も登場し本格的に展開するようになっている。それらが合衆国の経済と経営の全体で取組まれて、機能していったので、活気ある合衆国経済が実現したのである。残念ながら、日本はこの戦略経営とベンチャー経営の展開で大きな遅れをとった。それが日本経済の長期低迷の大きな原因であったと考えられるのである。

ビジネスモデル概念の特質

ビジネスモデルと戦略経営はいずれも新時代のビジネスの全体概念であるという意味において特徴的であり、本質も共有する存在ではないかと思っている。とはいえ、ビジネスモデルは「観念としてのビジネス」であり、「実体としてのビジネス」である「戦略経営」とは完全に同じような全体であるということはできない。また、ビジネスモデルは「モデル」であるので、戦略経営と本質は共有しても、枝葉末節は捨象される。このことから、ビジネスモデルには、戦略経営にはない別の特質も持つことになる。複雑で膨大な内容が含まれる戦略経営や戦略経営論よりも、ビジネスの全体や本質は、むしろビジネスモデルの方がわかりやすい、情報が伝わりやす

第3図表　ビジネスモデル・キャンバス

①顧客セグメント（CS）
②価格提案（VP）
③チャンネル（CH）
④顧客との関係（CR）
⑤収入の流れ（R$）
⑥主なリソース（KR）
⑦主な活動（KA）
⑧パートナー（KP）
⑨コスト構造（C$）

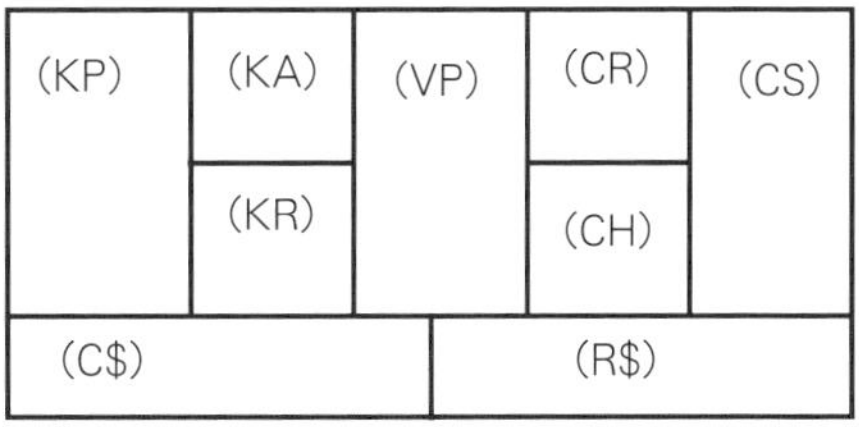

参照）今津美樹『Business Model Generation Workbook』翔泳社、2014年。アレックス・オスターワルダー/イヴ・ピニュール著・小山龍介訳『ビジネスモデル・ジェネレーション―ビジネスモデル設計書』翔泳社、2012年。

い、コミュニケーションのツールになりやすい、ビジネスプランの修正も容易である、などがそれである。実務と研究の世界で、この概念が急速に受け入れられ、多くの人に使用されるようになったのは、社会からの強い要請もあったであろうが、このような使い勝手の良さも大きな理由あったのである。

上記の第3図表は、ビジネスモデル作成のツールとして、いま、世界で最もよく使用されているアレックス・オスターワルダー&イヴ・ピニュールによる『ビジネスモデル・ジェネレーション　ビジネスモデル設計書』からの抜粋である。ビジネスモデルの作成に当たって、9つのチェックポイントが示されている。第2図の戦略経営の概念と関係させて見ると、共通点が多くあることがわかる。しかし、まだ、多くの改善の余地が残されている。

世界の政治と経済は混沌としていて将来の予測が困難な時代であるが、向こう何年間かは、まだ、新時代の特質である、①成熟市場化②グローバル経済化③高度情報化は続くだろう。そして、経営的には、④戦略経営、⑤ベンチャー経営、⑥ビジネスモデル競争の時代、であることは間違いない。どのビジネスを行なうにしても、マクロとミクロの環境を正しく認識し、それを踏まえて、個別にとって最適でタイミングを失しない戦略の策定と実践が肝要である。

参考文献：

1）今枝昌宏『ビジネスモデルの教科書』東洋経済新報社、２０１４年。
2）アレックス・オスターワルダー&イヴ・ピニュール著、小山　龍介訳『ビジネスモデル・ジェネレーション　ビジネスモデル設計書』翔泳社、２０１２年。
3）今津美樹『ビジネスモデル・ジェネレーション　ワークブック』翔泳社、２０１４年。
4）経営戦略研究会『経営戦略の基礎』日本実業出版社、２００８年。
5）高橋宏誠『戦略経営バイブル』ＰＨＰ研究所、２０１０年。
6）渡辺俊也編著『ビジネスモデルイノベーション』白桃書房、２０１１年。
7）マイケル・Ａ・ヒット／Ｒ／デュエーン・アイルランド／ローバーと・Ｅ・ホスキソン著、久保正治／横山寛美監訳『戦略経営論』同友館、２０１０年。
8）寺本義也／岩崎尚人『ビジネスモデル革命』生産性出版、２０００年。
9）張輝「日本におけるビジネスモデル研究の現状に関する序説的考察」『ＢＭＡジャーナル』（Vol.16.No1.September2016.）
10）宮下淳／箸本健二編著『流通ビジネスモデル』中央経済社、２００２年。

11）伊藤邦雄『コーポレートブランド経営』日本経済新聞社、2000年
12）平野敦士カール『カール教授と学ぶ成功企業31社のビジネスモデル超入門！』㈱ディスカヴァー・トゥエンティワン、2010年。
13）足代訓史「ビジネスモデル研究の論点と展望」（『大阪経大論集』第65号第5号）2015年。

◆　◆　◆

小西 一彦（こにし かずひこ）

1975年神戸商科大学商経学部助手、講師、助教授、教授を経て、2004年兵庫県立大学教授、2005年兵庫県立大学退職、2005年追手門学院大学経営学部教授、2012年追手門学院大学退職、現在、兵庫県立大学名誉教授

所属学会：日本商業学会、日本流通学会、産業学会、関西ベンチャー学会、2001年～現在、神戸、大阪、北摂、京都でベンチャー研究会を設立し世話人として活動。専門は、商業、流通、経営、マーケティング、ベンチャービジネス。konishikazu@gmail.com

■塾長講義録〈鉄則7〜12〉

❼何万種とあるビジネスモデル

創業者はだいたいワンマン経営である。創業時はとくに、経営者の信念と情熱、行動力がないと事業を発展させることが難しい。善かれ悪しかれワンマンでないと創業時の困難を乗り切れないからだ。

ある意味で私もワンマン経営者のひとりだが、私自身の私情を挟まない羅針盤（管理会計）があり、良きパートナーや良き参謀に恵まれている。経営がある程度安定してきたら、社内外に参謀役となる人材をもつことが不可欠だ。

創業者でワンマン経営者というのは、成功したビジネスモデルにずっとこだわり続けて、新規事業にも同じやり方をして失敗することが少なくない。しかし創業者は、「ゼロから始めたという原点」を持ち続ける限りは強い。万一失敗しても、また裸一貫の原点に戻ってやりなおしたらいいという思いがあるからだ。

ところが二代、三代目になると、この原点がない。うまくいって当たり前、失敗したらどうしようという思いがあるから、先代が成功したビジネスモデルを守って、現状維持をはかろうとする。第二の創業をしようとチャレンジしないから、逆にシンドイことになる。

　二代目、あるいは三代目で大成功している企業家は、それまでの信用を基盤にして、まったく新しいビジネスにチャレンジしている。二代・三代目経営者が新規事業で成功したりすると、もとより大きな基盤からスタートしているので、その成功も大きい。しかもその成功によって「創業者の原点」を知り、経営者としても一人の人間としても強くなる。

　経営者としてこの原点の強みを持つか持たないかで、ビジネスに対する心構えや考え方がずいぶん変わってくる。原点のある経営者は、自らの責任で決断ができるので、ビジネスモデルの考え方、作り方も違ってくる。ビジネスモデルというのは経営者自身の考え方や戦略そのものだからだ。

　ところが、総合スーパーとかコンビニといった業種・業態のことをビジネスモデルだと勘違いしている経営者が意外と多い。新しいビジネスを開拓することだけがビジネスモデルの変換だと思い込んでいる。そうではなく、いまの商売のやり方や戦略を大きく変えることもまた、ビジネスモデルの変換を意味する。

　同じ商売であっても、経営者によってビジネスモデルはずいぶん違ってくるから、世の中のビジネスモデルは何万、何十万種も存在することになる。

　実は、そう言う私自身も、このことに気付いたのは第二創業期に入ってからだった。このことに気付いたことで大きな視界が広がったわけである。

❽ 五大原則に基づくビジネスモデル

人間の意識というのは実に不思議なものである。意識のなかでずっと思い続けていることが現実化していく。その思いが強ければ強いほど現実のものとなり、思いの力が弱いと淡夢のように消えていく。

私がこうして事業をするようになったのも、少年時代に「社長さんになりたい」と思っていたからだ。一時期、学者になりかけたけれど、社長になる夢は諦めていなかった。

この意識の働きを行動エルネギーに変えていくためには、明確な言葉（概念）で表現し、紙に書いていく必要がある。頭のなかでボンヤリ思い描いているだけでは行動のエネルギーになりにくく、夢が夢のままで終わってしまう。手帳やノートに記して、座右の銘のように毎日見ていると、意識と行動が一致していく。

まして事業プランを立てるとき、ビジネスモデルをつくるときも、かならず紙に筆記して意識の中身を整理する必要がある。とにかく、できるだけ具体的な言葉や目に見えるイメージに置き換えてみること。この作業を続けることで意識と行動のベクトルが方向づけられていく。

第二創業のとき、私は五つの具体的テーマを掲げて取り組んできたが、新しいビジネスモデルを考える際にも必ず、次の五つの原則に照らし合わせている。

一、自己資本経営を目標とする（自己資本をコツコツ貯えて、負債をつくらない）
二、常に資金的余裕をもつ（運転資金は常に二〇％の余裕をもっておく）
三、資金を眠らせない（資金を働かせないことは不良在庫を抱えるのと同じ）
四、魚のいる池で釣る（立地条件のよい場所で商売をする）
五、売れ筋商品を回転させる（売れ筋商品を徹底して売る。売れない商品は抱え込まない）

私はこの五つを「起業の五大原則」と呼び、どんな商売をするときでも、そのビジネスモデル構築の基本としている。

とにかくビジネスモデルの構築においても奇策は通用しない。この五大原則を突き詰めていくと、いま構築しようとしているビジネスモデルのどこに問題があるのか見えてくるはずである。

❾ イノベーションは最大・最優先の仕事である

事業拡大のためのビジネスモデルの鉄則を逆にしてみると、失敗するビジネスモデルの共通点がみえてくる。要約すると次の五点である。

①時代変化のスピードに対応できないビジネスモデル
②戦略がなく戦術レベルのビジネスモデル
③原理原則からはずれたビジネスモデル

④付加価値が市場ニーズとずれているビジネスモデル
⑤コンセプトが抽象的で具体性のないビジネスモデル

これではいくら優秀な経営者がやってもうまくいくはずがない。

経営者がビジネスモデルのイノベーション（変革）をしようと思っても、会社が黒字であるうちは社内の改革がなかなか進展しないものである。老舗企業が潰れたり、倒産しないまでも活気がないのは、勇気をもってビジネスモデルの変革をしていないからだ。

私が第二創業期に挙げたテーマ①〜⑤は、『私のお針箱』と『甲南チケット』で実現できたが、実は、このテーマのどれをとっても、それを一つ一つ変えていくことは大変なことなのだ。

服を着替えるようにビジネスモデルを替えても人間はロボットのように設計どおりに動かない。古いビジネスモデルから脱皮するにはそれ相当の時間がかかる。組織が大きいと、なおさらそれは難しい。社内組織に変革の意識が徹底されてこそ、はじめて新たなビジネスモデルは活かされてくる。

「企業の寿命10年」とも言われるように、ビジネスモデルはすぐ古くなる。だから事業を拡大したいと思うなら、経営者は常に第一、第二創業といった意識をもって、変化のスピードに即したイノベーションをやり続けていかなくてはならない。それが経営者としての最大・最優先の仕事なのだ。

⑩ ビジネスモデルはシンプルでなくてはいけない。

事業（商売）を成功させるためには必ずビジネスモデルを構築しなくてはいけない。この商売をどのような仕組みにしたら収益が上がるか、また、どのように運営したら人・モノ・カネを効率よく生かせるか、といった経営の基本的システムであり、成功に導くための戦略である。

ソフトバンクの孫さんはさすがに事業の天才だけあって、戦略についてずばりこう言っている。

「急所を見つける。それが戦略です。戦略の元々の意味は略することです。」

「急所を見つけ、略する」とは、まさに核心をついているわけで、言いかえれば、ビジネスモデル（基本設計）はツボを押さえたシンプルなものでなければいけないということである。シンプルな仕組みを突きつめていくと、キャッシュフロー経営ということになるが、それはまた後で述べる。

とにかく経営戦略というは大きな経営指針であり、ビジネスモデルはこの戦略に基づいてつくるものだ。環境の変化によってビジネスモデルを変革したり、マイナーチェンジするのも戦略である。

戦術というのは、そのときそのとき方法論であって、競合他社の出方を調べたり、市場の動向や変化を見ながら手を打つのは、戦略ではなく戦術の部類に入る。

大きな戦略あっての戦術だが、ビジネスモデルを戦術と勘違いしている人が多いのではないだろうか。ベンチャー企業を立ち上げて失敗する人を見ていると、そう思わざるをえない。

⑪ キャッシュフローを基準にビジネスモデルを確立せよ。

第三創業で始めた『甲南アセット』は、大きな資金量を必要とする不動産を扱う商売だが、言うまでもなくこのビジネスの基本はキャッシュフローである。

キャッシュフローは、企業が次の展開に向けて自由に使える現金そのものだ。人間にたとえれば、生き生きとした生命と健康を維持する血液の流れに相当する。だからビジネスモデルの確立は、売上や規模よりキャッシュフローを基準にすべきなのだ。

『甲南アセット』のキャッシュフローは、不動産からの家賃収入のなかから銀行への返済や金利・固定資産税、その他諸々の経費を差し引き、法人税まで支払った後に残るキャッシュそのものである。

所有不動産の数が増えてくると、立地条件のよい超優良な不動産と比べて他の不動産のキャッシュフローに大きな開きが出てくる。また、景気の動向などで入居率が高下してキャッシュフローが変化する。そういう変化を見ながら不動産のスクラップ&ビルドをしていくのが『甲南アセット』のビジネスである。

当然、キャッシュフローを最大化するためには、スクラップ＆ビルドをいかに効率的かつ速やかにするかにかかってくる。そのとき、私情をはさまない客観的な判断基準でする必要がある。

その判断基準となるのが「管理会計」だ。これは会計士に頼むようなものではなく自ら工夫する必要がある。私はこの「管理会計」で、『甲南チケット』全店の新陳代謝をはかり店舗数を伸ばしていった。そして第三創業の『甲南アセット』でも物件ごとのキャッシュフローを見極めてスクラップ＆ビルドを繰り返すことで経営体質の強化をはかることができたのだ。

どんな商売にしろ、事業を伸ばすためにはキャッシュフローに準じたビジネスモデルを確立しなくてはいけない、ということである。

⑫ キャッシュフロー経営は近代経営の基本である。

キャッシュフローを直訳すると「現金の流れ」という意味だが、企業会計上では、「一定期間内のキャッシュの流入と流出を示すフロー情報」と定義づけられている。

要するに、日々のお金の出入りを記録した情報であり、基本的には家計簿をつけるのと全く同じことである。家計簿のなかでヘソクリができたら奥さんは自由に使える。

ヘソクリと企業の資金を同列にはできないにしても、企業会計では自由度の高い余裕資金をフリーキャッシュフロー（純現金収支）と呼んでいる。

このフリーキャッシュフローを増やしたいと思うなら、キャッシュフローそのものが増えていく経営をしなければ実現できないわけである。実際に利益のあがっている企業でも、キャッシュが足らない、つまり資金繰りに行き詰まって支払いができず黒字倒産することもある。

店舗を改装するときも、新規の店を出すときでも、とにかく事業を伸ばしていくためには余裕資金が必要になってくる。いまがチャンスというときに、年に一度の決算書（損益計算書、貸借対照表）を見てから判断しているようでは遅いのだ。

キャッシュフローを中心に考える「キャッシュフロー経営」は、優れた商売人が昔からやってきたことで、特に目新しいことではない。大企業では常識になっている近代経営の基本なのだ。しかし中小企業経営者の間では未だに、年度「決算書」に判断を求めたりする人が少なくないのが実情である。

事業規模の大小に関わらず、経営者には何よりも判断・決断のスピードが求められる。その決断を迷わずに速やかに行なうためにも、キャッシュフローの変化が一目でわかる管理会計（家計簿）を経営者自ら工夫してつくらなくてはいけない。

第3章 ニュービジネスの変遷

ニュービジネスの多くがアイデア倒れになるのは、
シーズのみ追いかけて
市場ニーズを掴みきっていないからだ。
すでに市場ニーズのある二番手商売をねらう。
それがベンチャーで成功する一つの秘訣である。

関西地域におけるニュービジネスの周辺

元一般社団法人関西ニュービジネス協議会
理事・事務局長
吉田泰三

はじめに

筆者が以前勤務していた一般社団法人関西ニュービジネス協議会（入局時、ニュービジネスフォーラム）は、１９８７年にニュービジネスの育成と振興のため設立された、ニュービジネス、ベンチャービジネスの分野に特化した団体である。団体が設立された翌年、産経新聞社・元経済部長であった谷岡千鶴夫氏とご縁があって勤務することになった。

その際、「私の職業観」と題して、８００字程度で文章を書くよう命じられた。その時の文章が次のとおりである。

改めて、職業とは何かを確認する意味で、国語辞典を引いてみた。「職業」＝暮らしをたてるために日常従事している仕事、生業。とある。そして、私達の多くは、どこかの企業に勤めている。終身雇用を建前とする日本の企業社会では、会社を移ることはマイナスと考えられている。それも一理あると思うが、私はその会社で、どのような姿勢で、どんな仕事をしてきたかが大切であると思う。

私は仕事に取り組む場合、過去11年間、精一杯与えられた仕事を消化、吸収してきた。それだけでは、自己満足型になるため、自他共に、認められるよう、創意工夫し、次の仕事を追求してきたつもりである。そうすることが、会社への、社会への貢献であると考える。そしてどのような仕事でも仕事に対する一途さが大切であると思う。その結果、あいつに任せておけば安心だと思われるようになれば、それは一つの個性であるし、相互の信頼感、使命感につながると思う。

仕事は家造りに似ている。まず、土台があり、柱を建て、壁、屋根、階段等を造り、内装がある。内装は言わば、趣味、娯楽にあたり、一見、豪華に見えても土台が崩れてしまえば何もならない。仕事ができて、はじめて、そこに生活がある。そこに潤いがある。幸せだなあと感じる。仕事もそういったものかと思う。

よく何のために働くのか。と問われる時、奉仕の心が一番と言われるが、残念ながら未熟なため、そこまでは及ばない。新聞にある企業のトップが「これからは企業の滅私奉公ではなく、企業という舞台で自分を活かす〝活私奉公〟の時代である」とおっしゃっていたが、従来のように丁稚奉公的なものも当然必要であると考えるが、活私奉公の要素も取り入れ、個人、企業共に繁栄し、大袈裟に言えば、関西経済、日本経済の活性化になんらかの形で寄与したいと思う。」

少し恥ずかしいが、正直、今の気持ちも変わらない。その後、いつか機会があれば、関西とはなにか、探ってみたいと考えていた。

この度、「起業の鉄則研究会」開催150回記念出版が上梓されるにあたって執筆のお声がけをいただいた。この研究会が発足された2004年頃は第3次ベンチャーブームの真っ最中であった。そんな時代の備忘録として書き留めたい。

ニュービジネス・ベンチャービジネスとは

関西ニュービジネス協議会について触れる前に、ニュービジネス・ベンチャーとは何かを考えてみたい。

この2つの言葉は日常茶飯に使われるが、ベンチャー先進国アメリカではベンチャービジネスを概ね図表1のように定義づけている。

ベンチャー企業は英語で『New Venture Company』とともに『New Technology Company』とも言われ、ハイテク、メカトロニクス、バイオテクノロジーといった技術思考型企業を指すことが一般的である。

一方、日本では、ベンチャービジネスという言葉は、1970年5月に開催された第2回ボストンカレッジ・マネジメント・セミナーに参加した、通商産業省（現経済産業省）の佃近雄氏によってはじめて紹介されている。これを具体的に定義づけたのは、「ベンチャービジネス　頭脳

図表1

■アメリカのベンチャービジネスの定義

条　件	成功諸相
1. ハイリスク 2. 急成長が見込める （短期間で成功・不成功がわかる） 3. 投資収益率（ROI）が高い	1. 当該事業の潜在成長率が非常に高い 2. 利益（額、率）の成長が高い 3. プロダクト・ライフが相当長い

を売る小さな大企業」（1971年、日本経済新聞社）を著した清成忠男、中村秀一郎、平尾光司の各氏であり、ここで、ベンチャービジネスとは「研究開発集約的、又はデザイン開発集約的な能力発揮型の創造的新規開業企業」と述べられている。

また、早稲田大学アントトレプレヌール研究会によれば、高い志と成功意欲の強いアントレプレナー（起業家）を中心とした、新規事業への挑戦を行う中小企業で、商品、サービス、あるいは経営システムに、イノベーションに基づく新規性があり、さらに社会性、独立性、普遍性を持った企業と定義されており、日本ではベンチャーとは研究開発を積極的に行い、それを企業の強みとする中小、中堅企業をいうことが多い。既存の企業では満たされぬ新需要に応じることができる企業と言い換えることができる。

『ニュービジネス』の使われ方はベンチャー以上に曖昧である。「New Business」は和製英語で、日本でしか使われない言葉である。1988年9月には通商産業省サービス産業室のニュービジネスについての定義は、潜在的ニーズをよく掴み、技術革新の成果または独創的なアイデアを利用して、新規サービスまたは従来のサービスに画期的改善を加えたサービスを提供する企業群として捉えている。

（1）世に多く存在する分野でも当該企業にとっての新事業
（2）欧米で一般的でも日本で最初か珍しい事業
（3）これまで（世界中に）なかったビジネス

（2）の場合、例えばそれまで日本にはなかった『フローズンヨーグルト』を販売してもニュービジネスとは呼ばれず、新たなシステム（販売方法、サービス、経営手法……）が導入されて初めてニュービジネスとなり得る。

（3）の場合は、例えばニッチビジネスや規制緩和で参入できる分野やその応用、逆に環境分野など規制が厳しくなることにより生まれるビジネス、そしてマルチメディアに代表される新しい媒体を使って創出されるビジネスがある。しかし世界でまったく初めてのビジネスでも風俗関係は通常ニュービジネスとは呼ばれない。

いずれの場合も「登場時がニュービジネス」で、時間の経過とともにニュービジネスとは呼ばれなくなる。言い換えれば、例えば1970～1980年代に登場した価格破壊業態としての量販店や、新たなソフトサービスが奏功した外食産業、ロードサイド店舗、コンビニエンスストア、宅配便、家庭用ゲームソフトといった、現在は安定した地位を築いている産業の中にも、当時はまさにニュービジネスであったものも少なくない。

ニュービジネスとベンチャーの相関関係だが、サービス業的色彩の強いものをニュービジネス、研究開発や技術志向色の強いものをベンチャーとする人もあるが、ベンチャーは必ずニュービジネスの範疇に含まれると定義し、ニュービジネスⅣベンチャーと考えてもよいと思う。

しかしながら、当初、技術開発型企業をベンチャー企業、知識融合型企業をニュービジネス企業と役所から発した、ベンチャービジネスという用語がすっかり定着した。プロ野球近鉄球団の買収に名乗りを上げたライブドアがベンチャービジネスと紹介されても違和感がない。それどころか、ベンチャービジネスのイメージが鮮やかに伝わってくる。

ところが、ベンチャービジネスは未だ我が国になじまないという声が依然として根強い。しかし、ベンチャービジネスの層は厚みを増したし、支援施策の整備も大きく進んだ。今後のベンチャービジネスの活動が期待される。この後はニュービジネスとベンチャーの表現はベンチャーの用語で統一する。

ベンチャービジネスの歴史的背景

我が国ではこれまでにベンチャーブームを三度経験している。ただ注意しなくてはいけないのは、今日のようなベンチャー企業と呼ばれる企業がこのニュービジネス、ベンチャーブーム以前に存在しなかった訳では決してない。たとえば、図表2にあるようにソニー（1946年設立）、ハウス食品（1947年設立）、本田技研工業（1948年設立）、日清食品（1948年設立）、

図表2　ベンチャー企業の誕生年と株式公開時期

誕 生 年	ベンチャー型成長企業の誕生年と株式公開時期
1945年(S20)	
46年(S21)	ソニー(58)
47年(S22)	ハウス食品(71)
48年(S23)	本田技研工業(57)、日清食品(63)、オムロン(62)
49年(S24)	ワコール(64)
50年(S25)	三洋電機(54)
51年(S26)	ノーリツ(84)
52年(S27)	堀場製作所(71)、浜松ホトニクス(96)
53年(S28)	
54年(S29)	
55年(S30)	大和ハウス工業(61)、理想科学工業(89)
56年(S31)	タカトリ(2000)
57年(S32)	ダイエー(71)、カシオ計算機(70)
58年(S33)	ダイナック(2000)
59年(S34)	京セラ(71)、ワールド(93)
60年(S35)	セガ•エンタープライズ(88)
61年(S36)	ユニ•チャーム、ノーリツ鋼機(96)
62年(S37)	セコム(74)
63年(S38)	ファーストリティリング(94)
64年(S39)	青山商事(87)、日本エル•シー•エー(2000)
65年(S40)	エネサーブ(2000)
66年(S41)	ユニデン(86)、伊藤園(92)、はせがわ(88)
67年(S42)	
68年(S43)	武富士(96)、CSK(80)、日本デジタル研究所(89)
69年(S44)	アデランス(85)、大塚家具(80)、メック(2001)
70年(S45)	やまや(94)、近鉄エクスプレス(2000)
71年(S46)	THK(89)、ワタベウエディング(97)、日本マクドナルド(2001)
72年(S47)	ぴあ、モスフードサービス(85)、スターツ(89)
73年(S48)	コナミ(88)、コナカ(96)、日本電産(88)、カウボーイ(94)
74年(S49)	キーエンス(87)、フーズネット(97)、オートバックスセブン(89)
75年(S50)	マツモトキヨシ(90)、シャルレ(90)、G－7ホールディングス(96)
76年(S51)	パソナ、イタリアード(95)、ドトールコーヒー(93)
77年(S52)	アートコーポレーション、アスキー(89)
78年(S53)	アミューズ(2001)
79年(S54)	オプテックス(91)、ジョルダン(2003)
80年(S55)	フォーバル(88)、エイチ•アイ•エス(95)、ドン•キホーテ(98)
81年(S56)	ソフトバンク(94)、神戸物産(2006)
82年(S57)	ソフマップ、ベルシステム24(94)、ケミプロ化成(95)
83年(S58)	カプコン(90)、オーエーシステムプラザ(96)
84年(S59)	アイフルホームテクノロジー(91)、オークネット(91)
85年(S60)	カルチャー•コンビニエンス•クラブ(2000)、パーク24(99)
86年(S61)	ワタミフーズサービス(98)、スクウェア(94)、イマジニア(96)
87年(S62)	データベース•コミュニケーション(2001)
88年(S63)	プラザクリエイト(94)、光通信(96)
89年(H元)	サンマルク(95)、パソナ(2002)
90年(H2)	サワコー•コーポレーション(95)、梅の花(99)、メガチップス(98)
91年(H3)	プライムシステム(2001)
92年(H4)	スノーヴァ(2000)、オープンインターフェース(2001)
93年(H5)	ユークス(2001)、アドテックス(2001)
94年(H6)	デジタルハリウッド、ガリバーインターナショナル(98)
95年(H7)	アキア、クレイフィッシュ(2000)
96年(H8)	セラーテムテクノロジー(2001)、デジキューブ(98)、ヤフー(97)
97年(H9)	楽天(2000)
98年(H10)	リキッドオーディオ•ジャパン(99)、フューチャーベンチャーキャピタル(2001)
99年(H11)	まぐクリック(2000)、フジオフードシステム(2002)
2000年(H12)	ビービーネット(2002)、アセットマネージャーズ(2002)

参考文献:「20世紀の関西」20世紀の関西を考える会編•発行(2000年10月)、四季報ほか 作成:吉田泰三

オムロン（1948年設立）、ワコール（1949年設立）、三洋電機（1950年設立）など、現在では大企業に発展しているベンチャー企業がブーム以前にも確かに存在している。当時はベンチャービジネスという用語が存在していなかっただけであり、これらの企業の実体はベンチャー企業そのものである。

しかしながら、ベンチャー企業は中小企業のある特定の部分であり、ベンチャー企業と一般の中小企業との違いはいくつかあるだろうが、基本的には志やビジョンの違いから派生していると考えられる。それでは、ベンチャー企業とはいかなるものか、時代別にその歴史的背景を探ってみる。

（1）1970年から1979年

重化学工業の牽引で、2ケタ台の成長を続けていた1960年代の高度経済成長や欧米からの技術導入により独自技術に基づく企業化への期待を背景として、ベンチャー創出の第1次ブームは1970年から1973年にかけて起こっている。新しいリーディング産業である自動車や電機を中心とする加工組立型産業の周辺に研究開発型のベンチャービジネスが多数輩出したことが特徴である。

この時期の代表的なベンチャー企業としては、ファナック、ローランド、モスフードサービス、セブンイレブンジャパンなどがある。

73年末の第1次オイルショックを契機として不況の到来によって多くのベンチャー企業の倒産とともに消滅してしまった。

戦後初のマイナス成長を記録した1970年代後半から1980年代前半。景気の内需も浮き沈みを繰り返し、安定成長へ向けて政治も経済も構造転換が叫ばれた時代であった。このとき台頭してきた産業がエレクトロニクス。情報通信革命の幕開けである。

（2）1980年から1989年

第2次ベンチャーブームは、第2次石油ショック後の1983年から1986年頃にかけての時期に生起した。この時期には、ベンチャー・キャピタルによる我が国最初の投資事業組合方式の導入（1982年）や店頭株式市場の公開基準の緩和（1983年）を端緒として、さらに証券系、銀行系、外資系の多数のベンチャー・キャピタルが設立された。

ベンチャー企業にとってはファイナンス面で有利な状況が創出されたことを背景に、エレクトロニクス、新素材、バイオテクノロジーといった高度先端技術を中心とした研究開発型のベンチャー企業が設立され、多くのキャピタル投資が行われた。

この時期の前後に、ソフトバンク、カルチャー・コンビニエンス・クラブ、スクウェアなどがある。

販売台数は25万台というヒットを飛ばした日本電気のPC9801に続いて、企業が次々と新型マイコンを発表した。自動車電話サービスがスタートし、日本初のスーパーコンピュータが開発されたのもこの頃である。任天堂の「ファミリーコンピュータ」が誕生、ソニーから「ウォークマン」が発売され、エンターテーメントが近代化していく。いまや輸出産業にまで育ったゲーム産業が、このとき産声を上げた。

国民の90％が中流意識を持ち始めるなど、人々の生活は豊かになり経済は安定成長を続けた。そんななか関西では人材派遣という画期的な仕組みが生まれ、女性の社会進出を後押しした。

山陽新幹線開通をはじめとする交通網の整備が進み人材の流動化も激しくなった。Uターンや単身赴任という現象も当たり前の世の中になりつつあり、その頃大阪で生まれたカプセルホテルが手軽に泊まれる宿泊施設として脚光を浴びる。より豊かでより便利な生活を望むニーズを受けて、便利、合理的な商品・サービスが生まれてきた。

（３）１９９０年から２００５年

そして、いまわれわれは第３次ベンチャーブームの真っ只中にいる。第３次ベンチャーブームは、いわゆるバブル経済崩壊の１９９０年代の初めからスタートして現在まで続いている。長期低迷している我が国経済活性化の推進力としてベンチャービジネスによる新産業創出に大きな期待が寄せられていることがこの背景にある。この第３次ベンチャーブームの特徴は、ソフトウェア、ニューサービスなど情報通信と関連のある分野においてベンチャービジネスが活発に展開されていることである。

バブル経済崩壊後、特に落ち込みが激しかった関西地域では、関西国際空港が開港して話題を提供したが、銀行の貸し渋りで倒産する中小企業も激増した。しかしそんな中でも不況期に生まれたヒット商品も根強く、生タイプのカップ麺「ラ王」、冷却シート「熱さまシート」などはいずれもロング商品として現在もヒットを続けている。

地道な研究開発のすえに完成したシャープの大型カラー液晶ディスプレーは人々の生活にあっというまに浸透した。冷え込み消費にアイデアをひねり、もっといいものをもっと安く。ものづくりへのこだわりが、明日のヒット商品を生んでいく。

阪神・淡路大震災で幕をあけた１９９５年。日本の安全神話を崩壊しライフラインを寸断した未曾有の大惨事は、後に「スルッとＫＡＮＳＡＩ」という鉄道会社の枠を超えた共通カードを誕生させた。阪急電鉄と阪神電鉄は阪神・淡路大震災で寸断された神戸—大阪間の鉄道を互いの復旧済み路線を協力しあって使用し、乗客の足を確保した。このとき両社は、双方の定期券を利用できるように改札機を改造し、鉄道会社の枠を超えて利用できる共通カードを開発した。「スルッとＫＡＮＳＡＩ」の誕生である。

ところが、両社以外の非加盟会社の鉄道では使用できない。「なんであんたとこの会社、使われへんの？」次々に寄せられる関西に住むみんなの声が企業を動かし、今や44社と大阪市交通局が加盟し、路線距離は東京—大阪間の13倍に相当する６６００キロに拡がった。

このように視点を変えて既存の仕組みを有効活用し、新しいビジネスモデルを生み出す力が今後の関西経済発展に欠かせない。

関西で生まれたヒット商品・サービス

関西生まれのもの、あるいは関西で改良され全国に普及していったものは数多くある。堺屋太一（作家・エコノミスト）の著書『先取りの群像・大阪』（ＰＨＰ研究所：１９８３年）で次のように述べられているのでまず引用する。

「戦後、数多くの新しい産業や業態が生まれた。その数はある大学教授の調査によれば34種、野村総合研究所では70数種といわれている。ずいぶん数は違うが、それはあまり重要でない。新産業、新業種の分け方によって、一つの産業とも二つの業種とも見ることができるからである。重要なのは、これほど多くの新産業、新業種の中で、東京周辺から始まったものは、せいぜい１割ぐらいしかなく、全体の６～７割が関西から興っていることである。」

その代表例として「たこ焼き」や「回転ずし」がある。

今やニュービジネスとしても展開している、大阪名物「たこ焼き」は、メリケン粉に山芋、卵などを入れて、水で混ぜ合わせ、その中にたこ、ネギ、キャベツ、天かす、紅しょうがなどを入れて焼き、丸く焼きあがったものにソース、青のり、かつおの粉をふりかけた食べ物である。このたこ焼きに象徴されるように、関西の産業は、多種多様な業種の中小企業が寄り集まり一大産

図表3　**関西生まれのニュービジネス・新商品**

登場年	商品・サービス	企業・場所
1890年(M23)	蚊取線香	上山商店（現大日本除虫菊）
1905年(M38)	赤大粒仁丹	森下仁丹
07年(M40)	赤玉ポートワイン	鳥井商店（現サントリー）
	カレー粉	今村弥（現ハチ食品）
20年(T 9)	生活協同組合	神戸購買組合（現コープこうべ）
25年(T14)	クレパス	櫻商会（現サクラクレパス）
26年(S元)	ホームカレー	浦上商店（現ハウス食品工業）
27年(S 2)	おまけ付きグリコ	江崎グリコ
29年(S 4)	ターミナル百貨店	阪急百貨店
	国産ウイスキー	寿屋（現サントリー）
	国産カメラ	日独写真機商品（現ミノルタ）
33年(S 8)	サイダー	大日本麦酒（現アサヒビール）
36年(S11)	小型ディーゼルエンジン	山岡内燃機（現ヤンマー）
	たこやき	会津屋
37年(S12)	ヘヤドライヤー	松下電器（現パナソニック）
45年(S20)	ラムネ菓子	島田製菓
46年(S21)	練り歯磨き	サンスター
	ビニロン	倉敷レイヨン（現クラレ）
47年(S22)	薬局チェーン	ヒグチ薬局
48年(S23)	しゃぶしゃぶ	北野スエヒロ
51年(S26)	国産テレビ	早川電機（現シャープ）
52年(S27)	豚まん	蓬莱
53年(S28)	屋上ビアガーデン	梅田第一生命ビル
	シームレス靴下	郡是製糸（現グンゼ）
55年(S30)	会員制無店舗販売	千趣会
56年(S31)	折る刃式カッター	オルファ，ＮＴカッター
57年(S32)	スーパーマーケット	ダイエー千林店
58年(S33)	チキンラーメン	日清食品
	回転寿司	元禄すし
59年(S34)	プレハブ住宅	大和ハウス工業
61年(S36)	ホンコンシャツ	帝人
63年(S38)	清掃用品レンタル	ダスキン
	両替機	立石電機（現オムロン）
64年(S39)	クラリーノ	クラレ
	ダスキン	ダスキン
68年(S43)	フエルアルバム	ナカバヤシ
	ボンカレー	大塚食品
69年(S44)	缶コーヒー	ＵＣＣ上島珈琲
70年(S45)	自動改札	阪急電鉄
71年(S46)	カップヌードル	日清食品
72年(S47)	カラオケ	ケレセント
74年(S49)	ツーバイフォー住宅	永大産業
	カー用品のワンストップショップ	オートバックスセブン
75年(S50)	人材派遣	テンポラリセンター（現パソナ）
77年(S52)	家庭用コーヒーフレッシュ	日興乳業（現メロディアン）
78年(S53)	カプセルホテル	カプスルイン大阪
80年(S55)	レンタルレコードチェーン	黎紅堂
81年(S56)	業務スーパー	神戸物産
83年(S58)	ファミリーコンピュータ	任天堂

参考文献：「年表で見る日本経済・新製品発売」（三家英治編・晃洋書房）
関西電力の地域情報誌「縁」９６年３・４月号 などから作成：吉田泰三

業集積を形成し、独特の強みを発揮している。

ビジネスとしては現在、ホットランドの「築地銀だこ」が今のところ成長中であるが、文化の面から言えば、なんと言っても関西には、食文化研究家の熊谷真菜氏がたこ焼き研究家の第一人者であり、発祥は大阪・今里の会津屋から全国に広まった事は承知の事実である。また、たこ焼き器の製造等では山岡金属工業（守口市・山岡俊夫社長）が大手メーカーを席巻している。

同社は、文化面では企業ミュージアム「夢工房技術文化館」を設立し、歴代の自社商品とともにたこ焼き・焼肉・珈琲の歴史、昔懐かしい商品・雑誌等、歴史・文化を通じて、絶えず夢を語り続ける。また、２００１年には「夢工房技術開発館」を開設した。地球環境に配慮した行動指針を掲げ、自由に仕事を楽しむ社内風土は、ベルリンの壁崩壊時に「たこ焼きを焼きに出かけた」社長そのものである。

「回転ずし」の1号店は１９５８年、東大阪市布施の繁華街にオープンした。後に元禄産業を興す白石義明氏が始めた「廻る元禄寿司」である。ビール工場でベルトコンベア上をビール瓶が回る様子を見て、寿司を同じように回すことを思いついたという。

このような独創的な商品・文化が生み出し得たのは、関西の歴史的背景、関西人気質、さらには新しいものを積極的に評価し、取り込んでいった大衆の合理性、眼力、審美眼などによるものであろう。

今、この回転ずしが世界中の都市で人気を高めており、美食の双璧と謳われるフランスと中国の首都にも出現している。

中国では、上海や広東など、南方ですでに回転ずしは始まっていたが、北京にはまだ存在しなかったが、１９９８年に北京にも出現した。またパリには１９８４年創業の「まつりすし」という回転ずしの店があるが、パリ在住の日本人は別にして、パリっ子の間では知られていなかったが示し合わせたように、全く同じ年にパリと北京に華々しく登場した。日本の回転ずし文化が美食の二大王国に認知された証左であろうか。

そこで関満博氏の「寿司屋のカウンター論」を例に関西文化を考えてみることとする。カウンターで好みの寿司を握らせる客（注文生産）もいれば、松竹梅の定食（既製品）をテーブルでつまむ客もいる。座敷で宴会（イベント）に興じる客もいれば、出前（輸出）で注文してくる客もいる。さらに、4～5件先には輸入した寿司（海外生産）を回転させて食べさせる店もある。

回転ずしを生み出した東大阪地域は京浜地域とならぶ大規模な工場集積があり、その中には地場産業と称されるものも今なお数多く存在するが、今、日本社会が成熟化し、東アジア諸国地域が登場してきている現在、日本の製造業はこれまで抱いてきた全ての寿司の提供の仕方を国内で「フルセット」で保有するのは難しいものになっているのではないか。

これまでの日本は、寿司は日本が作るべきもので、海外生産などとんでもないというものであったが、その原材料の多くは外海から調達しており、その寿司の商品としての美味しさに気がついた諸外国から現地生産の要請が高まり、事業意欲に満ちた職人が海外生産に踏み出していく。これらは回転ずしの海外展開と日本の製造業のある側面を象徴している。

寿司屋のカウンター越しの客は一番厳しい消費者であり、対応する寿司職人は客の厳しい要求に応え、客の納得いく寿司を提供していかなくてはいけない。一般的に、付加価値の低い労働集約的な仕事は東アジア諸国地域にという風潮があるが、資源が非常に少なく多くを輸入に頼り、加工貿易で成長してきたわが国は、今、一つのまとまりのある仕事として付加価値の高さを再考する必要がある。その意味で、「寿司屋のカウンター論」は関西の製造業の現状と将来に重大な示唆を与えていると同時に、回転ずしの海外展開に評判のよい寿司屋の条件とはなにか、考えるにはいい機会である。

新商品やサービスを生み出す関西人の気質

日本経済は飛躍的に発展したが、東京への一極集中が進み、地方経済の地位は相対的に下っているが関西地域はかつて永い間日本の政治・経済の中心であった。明治以降は東京が政治の中心になったが、経済面では大阪が大きな力を保持していた。たとえば、１９５０年代までは繊維産業を中心に発展を続けてきたことが挙げられる。また、特に大阪から神戸にかけての阪神間は、阪神工業地帯として鉄鋼、石油化学など装置型産業を中心に強固な産業軸を形成した。そこで一旗揚げるには商売が盛んな大阪および関西地域に移り住み事業を立ち上げる人々が多く現れた。すなわち、職を求めるために関西に来て、関西でビジネスチャンスを見つけ、事業を創業した。

起業家人材の関西への流入が最大の理由であったと考えられる。

昔から関西には大阪を中心に旺盛な起業家精神があふれているといわれてきた。戦前は口中清涼剤の「仁丹」や自転車用発電ランプなど、戦後はプレハブ住宅、即席ラーメン、スーパーなど、日本を代表する大きな産業までになった新商品やサービスも関西で生まれたり育ったりした。元来、関西人の気質として、①新しいもの好き、②合理主義者が多く、③せっかちであると言われている。この気質が関西地域にニュービジネス、ベンチャービジネスを多く誕生させた大きな要因であると思う。

例えば、「新しいもの好き」では、お菓子とおもちゃの意外な組み合わせを考案したおまけ付きグリコの江崎グリコ、情報化時代の先駆けとして、シャープペンシル（繰出式鉛筆）や日本初のラジオ、テレビを発明したシャープなどが挙げられる。

「合理主義者」という観点からは、技術とノウハウを均一に、合理的に反映した日本初のプレハブ住宅の大和ハウス工業、日本初の家庭用ポージョンタイプのコーヒーフレッシュのメロディアンなどが代表的である。

また、「せっかち」という視点では、お湯をかけるだけで、いつでもどこでもすぐ食べられる、世界初の即席ラーメン、「カップヌードル」の日清食品、たった3分で素早く温まり、鍋も汚れず新しい世界初のレトルト食品「ボンカレー」の大塚食品などが代表的である。

これらの関西人の気質に加え、無駄なものにはお金を出さず思ったことをはっきりと云う。この④消費者の厳しさが関西のビジネスを鍛えたと言える。また、歴史的に前例や既成概念に縛られず、民間が自発的に発想し行動してきた。人とは違う発想を好み「おもろい」を信条とし、⑤お上を頼らない風土が新商品やサービスを生み出したものと考えられる。

起業家の条件＝エフェクト＝資質×やる気の二乗

その昔、日本は重化学工業への道を一目散に進んできた。東京が中心となりかつての通商産業省や財界主導で西洋に追いつけ追い越せと、一時は経済ではアメリカに次ぐ世界2番目の裕福な国になった。しかし、関西で成功した企業の特徴を改めて鑑みると、松下幸之助は懐中電灯、シャープの早川徳次はシャープペンシルを、阪急電鉄の創始者である小林一三、サントリーの創始者である鳥井信治郎、ワコールの塚本幸一、ダイエーの中内功、京セラの稲盛和夫などこれらの方々の事業を見てみると重化学工業や自動車産業以外の分野であった。いわゆる第3次産業や情報化産業、テクノロジーの分野である。産業構造が変革してきた現在、これらの産業群がニュービジネスといわれる所以である。

筆者が勤務していた団体で、1996年に「関西地域におけるニュービジネス成功法則に関する調査研究」を行なった。その際、17社のヒアリング企業の回答をまとめたものであるが、その内7社が京都の企業であった。

この調査はニュービジネスで成功した経営者や事業システムの共通項を探り、後進のアントレプルナーに一つの指針を与えることであった。何を持って成功とするか難しいところであり、ヒアリングをお願いした経営者の誰もがまだ成功とは思っていない。これは成功者の共通項である。また、創業からこれまでこれたことを、〝運が良かった〟と言う経営者が圧倒的である。運も実力のうちと言ってしまえばそれまでだが、時流に乗ることも重要だ。マーケットがこれから求めるものを、訴求していく。ある社長が「運が良かったと言えるのは成功者のみ。失敗は自分の責任で、運が悪いとは言えない」とする。これがすべてを語っているように思える。

また、ある社長は、事業を始める十分条件はアインシュタインのエネルギーの法則、$E=MC^2$をもじり、【エフェクト＝資質×やる気の二乗】だとする。資質が高いがやる気に欠けるのが大手企業だという。

事業を興すには、友人 ⇓ エンジェル ⇓ 投資家 ⇓ プロモーター ⇓ 経営のプロ、の順で重要。ベンチャーを始めるにはチェンジ、チャンス、チャレンジの3Cが必要という。共通する成功要因などないのかもしれない。成功に際してはさまざまな要因が複雑に絡み合っての結果であり、一言でこうすれば成功するなど有り得ない。しかし、失敗がリスクだとすれば、それはヘッジできる部分が多いのも事実である。

最後に、なぜ「京都」ではハイテク型の世界の業界をリードするようなベンチャー企業が続々誕生したのだろうか。まず第一に地形的に京都は盆地であり、装置産業や臨海型の大企業が立地する条件が無かったことが挙げられ、⑥西陣織や清水焼という京都を代表する伝統産業の存在があったと考えられる。京セラが代表するようにガイシなど電気関係の製品が清水焼の伝統を受け継いで新しい分野として登場した。また、京都弁で「まあ、がんばりやす」とベンチャー企業を温かく見守るという風土もあった。それに加え⑦篤志家の存在も見逃せない。京セラの稲盛和夫氏が松風工業から独立するときに支えた宮木電機の宮木男也社長のような存在である。

二番目として京都大学をはじめに⑧理工学部を持つ大学の存在があったことも無視できない。京都では明治時代から今日まで産学協同が他都市より活発で、産業活動に生かせたのは多くの大学があり、そこで学んだ学生が、京都の企業へも就職していったからとも言える。

関西ニュービジネス協議会（NBK）と関西の経済団体

新しいもの好きで、合理主義者で、せっかちな人が多いという関西。そんな風土の中にある関西ニュービジネス協議会（The New Business Conference Kansai）とはどういう団体か。

1987年9月に、ニュービジネスの育成と振興のため関西にも必要であると、任意団体としてニュービジネスフォーラム（略称・NBF）が設立された。1990年12月には通商産業省（現経済産業省）の許可のもと関西ニュービジネス協議会（略称・NBK）として社団法人化した。ニュービジネス、ベンチャービジネスの支援団体である。その後、公益法人制度改革に伴い、2013年4月1日より一般社団法人関西ニュービジネス協議会として再スタートした。

2004年頃の関西の経済団体は、「関西経済の活性化」が共通テーマでありどの団体もニュービジネス、ベンチャービジネス支援を行っていた。諸団体に大切なのはメニューの数ではなく、重複のないきめ細かな範囲に及ぶ情報の発信、提供である。ベンチャー支援と叫ばれて久しいが、どこも同じような施策を行うのではなく、それぞれの役割・目的が明確になっているのだから、それに邁進すべきである。

地方自治体のベンチャー支援の場合は、インキュベーション施設によって地域振興を図ろうとしているケースが多いが、新しい産業や市場の創造はもっと民間企業がパワーを発揮すべきで、行政にばかりに頼っていては前途はない。

ニュービジネスの育成と振興の団体であるNBKでは、多くのニュービジネス支援機関の中で「NBKブランド」となることを目指していた。そのためには、表彰制度・NBK大賞は社会的に意義があったと思う。この表彰制度は、関西圏で優秀な技術やアイデアを持ち、事業化を目指すベンチャー起業家予備軍（学生等）や独創的、かつ市場性のあるニュービジネスを展開する企業、経営者の中から、優秀者を選び、その成果を表彰、公表するものである。これらにより、ニュービジネスのより一層の事業成長を支援することを目的としている。

次の二つの事業を実施することにより関西の活性化につなげたい。

まず一つ目は、戦略的なナレッジ（知識）事業である。会員メンバーを中心に、学者（NB看板学者）、総合研究所、企画会社、行政等を含めた研究会を発足、関西地域のニュービジネスに関する調査・研究、情報のとりまとめを行い、会員企業はもとより、行政、マスコミ等に発信

図表4

●ＮＢＫと関西の経済団体

【2004年】（会員数・スタッフ数は2002年1月時点）

団体名	代表者	会員数	スタッフ数	設立数	主な活動内容・目的	エリア
関西経済連合会	秋山　喜久 関西電力会長	617社	95人	1946年	経済の調査研究・関西経済発展のための提言・事業活動	2府6県＋西日本
大阪商工会議所	田代　和 近畿日本鉄道会長	35,200社人	265人	1878年	地域経済の振興、ものづくりの振興のための事業	大阪市内が中心だが、他の地域からも参加
関西経済同友会 （2人幹事制）	松下　正幸 松下電器産業副会長 森下 俊三 NTT西日本社長	750社	16人	1946年	経済発展のための調査・提言	大阪中心だが京神の有力企業も参加
大阪工業会 （2003年大阪商工会議所と統合）	領木新一郎 大阪ガス会長 （2002年時点）	1,220社	38人	1914年	ものづくりの振興のための事業	—
関西経営者協会	辻井　昭雄 近畿日本鉄道会長	1,479社	24人	1946年	労働問題の調査研究	京阪神
関西ニュービジネス協議会	井植　敏 三洋電機会長	360社	5人	1987年	関西地域におけるニュービジネスの育成と振興	2府5県

【2018年】（会員数・スタッフ数は2018年1月時点）

団体名	代表者	会員数	スタッフ数	設立数	主な活動内容・目的	エリア
関西経済連合会 （2009年関西経営者協会と統合）	松本　正義 住友電気工業会長	1310社	80人	1946年	経済の調査研究・関西経済発展のための提言・事業活動	2府6県＋西日本
大阪商工会議所	尾崎　裕 大阪ガス会長	約31,000社人	225人	1878年	地域経済の振興、ものづくりの振興のための事業	大阪市内が中心だが、他の地域からも参加
関西経済同友会	鈴木 博之 丸一鋼管会長兼CEO 黒田 章裕 コクヨ会長	822社	14人	1946年	経済発展のための調査・提言	大阪中心だが京神の有力企業も参加
関西ニュービジネス協議会	小松 範行 栄運輸工業社長	152社	3人	1987年	関西地域におけるニュービジネスの育成と振興	2府5県

（出所）土井教之、西田稔編著「ベンチャービジネスと起業家教育」（御茶の水書房）一部を加筆修正及び各団体のHP

し、同時に経済産業省に提言することにより、各自治体の新しいニュービジネス支援施策となりうる事業である。ＮＢＫには他の団体等にないサービスが望まれるが、他と違うサービスとは、前述のようなナレッジ事業であり、収益を生み出す付加価値、情報の提供が必要になる。

二つ目は、実践的なマッチング事業である。ニュービジネス企業・起業家の事業評価（技術力、販売力、経営能力等）を行い、金融投資機関等の審査補完やビジネスパートナーとのマッチングを行い、成功企業を創りだす。また、企業・起業家の販売・業務提携、技術交流、資金調達などのビジネス情報を発信し、パートナーや支援機関とのコーディネートを図ることである。

関西地域とはどこか

では一体、「関西」とはどの地域を指すのか、改めて確認、定義をしておく。

一般的には、「関西」も「近畿」も同義語のように使われ極めて曖昧である。「京阪神」なのか、「西日本」なのか、どこからどの府県までを指し示す範囲なのだろうか。

広辞苑第四版によると、【関西】は①近江逢坂関以西の地。②鎌倉時代以降、鈴鹿、不破、愛《あら》発《ち》三関以西の諸国、すなわち畿内5国と近江・伊賀および山陰・山陽・南海・西海の諸道の称。③箱根関以西の地。④現今では東京地方を関東と称するのに対して京阪神地方をいう。⇔関東。とある。ちなみに、鈴鹿は伊勢国（現在の三重県）、不破は美濃国（同岐阜県）、愛発は越前国（同福井県）であり、定義を眺めれば、西日本よりも広い捉え方もあれば、京阪神を関西と呼ぶように使い方は曖昧であることがわかる。

足利健亮「関西の地域―その変遷と現状―」（京都大学近畿圏総合研究会編『近畿圏―その人文・社会科学的研究』鹿島出版会、１９６９年）によれば、明治期には「関西」は西南日本全域の意で漠然と使用された例が多かったが、大正期から昭和の初期には、「京阪神」から「近畿」、広くても中国地方を含む程度にまで狭まったと指摘している。

次に「関西」の語の初出についても調べてみる。十三世紀ごろに成立した歴史書「吾妻鏡」（巻一・治承四（１１８０）年十月二十一日条）に、「先兵東夷之後、可至関西」（先ず東夷を平ぐるの後、関西に至る可し）とあり、ここで漸く「関西」の語の登場である。

一方、「近畿」とはどういう地域をいうのだろうか。広辞苑第四版で調べてみると、【近畿】（皇居の所在地に近い国々の意）畿内とその付近の地方。とある。そうなると「畿内」はどこか再度調べなければならなくなる。

【畿内】帝都付近の地。中国の古制で、王城を中心とする四方五〇〇里以内の特別行政区。わが国では歴代の皇居が置かれた大和・山城・河内・和泉・摂津の５カ国、すなわち五畿内。和泉が河内から分置される奈良時代までは四畿内といった。また、大日本百科事典には、近畿圏として「近畿地方は、京都・大阪の二府と三重・滋賀・奈良・和歌山・兵庫の五県をさすが、近畿圏といった場合は、近畿圏整備法の適用される地域をいい、行政的には中部地方に入る福井県を含めた二府六県をさす」とある。近畿は、明治時代に国土区分のために付けられた名称で、国定教科書に近畿が初登場したのは1903年である。近畿圏整備法は、1963年に成立している。

つまり、近畿は「近畿圏整備法」で定められた行政地域であり、福井県、三重県、滋賀県、京都府、大阪府、兵庫県、奈良県及び和歌山県を指すことになるが、もともとは中央政府＝皇居の近くをさしている。だとすれば、いまの関西＝近畿地方は、字義どおりの「近畿」ではない。

「関西」は前述の通り諸説まちまちであるが、筆者は京都府、大阪府、兵庫県の三政令都市である京都市、大阪市、神戸市を京阪神と考えることにする。

最近では、「近畿」という用語は英語で呼ぶと縁起が良くないということもあり、「畿内」や「近畿」がすたれ、「関西」が普及している。事実、「近畿」と「関西」の名称は、大学名にも元々存在するが、企業名、団体名を調べてみると圧倒的に「関西」が多いことが判明する。

その昔、中央政府のあるエリアは、「畿内」と呼ばれていた。「畿」の「内」、それは中央政府すなわち皇居の感化がおよびうる。その内側をさしている。文明が普及しうるというニュアンスである。「近畿」という名もそこに由来する。民度の高い文明圏が「畿内」とすれば、この「関西」が普及することは、関西地方が文化の中心から辺境に落ちていったことを物語る。「関西」という言葉の隆盛そのものが、この地の衰退を示している。

図表5 実質国民総支出等の伸び率の推移

（単位：％）

年 度	国民総支出	民間設備投資	住宅投資	公共投資
1986	2.9	3.0	10.6	6.2
87	4.9	8.6	26.3	9.3
88	6.0	16.5	4.6	0.4
89	4.4	12.3	1.6	1.7
90	5.6	11.3	4.9	4.6
91	3.1	2.7	−12.3	7.2
92	0.4	−7.2	−3.5	16.6
93	0.5	−10.4	4.9	12.6
94	0.6	−2.5	7.6	−1.1
95	3.0	7.8	−6.7	8.3
96	4.4	11.7	13.2	−1.0
97	−0.4	2.1	−21.4	−7.1
98	−2.0	−12.4	−10.7	6.1

（資料：経済企画庁「国民経済計算年報」）

ニュービジネス・ベンチャービジネスの重要性

第二次世界大戦以降順調な経済成長を続けてきた日本経済も、１９９０年代に入り経済成長率は落ち込んだ。そこで、１９８０年代後半の日本経済について概観しておく。

図表５にあるように、１９８０年代後半の日本経済は実質５％程度の比較的高い経済成長率を記録した。この背後にあったのが投資支出の増加である。とくに、住宅投資は１９８６、１９８７年の両年度に驚愕すべき伸びを示し、民間設備投資も１９８８、１９８９、１９９０年と実質２桁の伸びを示した。ところが、投資が増えれば、ストックが蓄積する。住宅投資の伸びは住宅ストックを増加させるし、民間設備投資の伸びは生産設備ストックの蓄積を増やす。１９８０年代後半の投資ブームによって、過剰ストックがもたらされた。

過剰ストックを適正な水準に戻すためには、投資を抑える必要がある。これは、「ストック調整」とよばれる現象である。１９９０年になってからの日本経済では、これが典型的な形で現れた。住宅投資は１９９１、１９９２年度に伸び率が大きくマイナスとなり、設備投資も１９９２年から１９９４年にかけて大きく落ち込みマイナスになった。

このようにバブル経済崩壊後、金融機関などの不良債権問題が終息期を迎えつつあるとはいえ、我が国経済は依然厳しく、また、総人口中にしめる65歳以上の人口は２０２０年には25％に達すると言われており、これを支える若手人口負担もいっそう重くなっていかざるを得ない現状である。この厳しい環境の中で、日本の産業が自律的な回復軌道に乗るためには、従来からの制度の手直しといった程度の改革ではなく、21世紀を見通した、抜本的な改革が必要であった。

そのためには、経営資源の有効利用が図られるような環境整備を行うことで、資本の生産性を高めるとともに、いわゆる労働力のミスマッチを解消するなど、労働力の流動化対策を推進し、新しい産業に適した人材育成などを積極的に推進することで労働生産性を高めていくことにより、国全体の生産性を向上させていくことが重要になっている。つまり、我が国の産業を再生するためにも21世紀に向けた新規産業の創業を促し、雇用の創出を図らねばならない。

通商産業省（現経済産業省）では、１９９８年に産業構造審議会による21世紀への新産業分野の方向を示し、産業構造の転換を促進する方策を打ち出した。それが図表６に見る「新規・成長15分野」の雇用規模・市場規模予測である。

しかし、既存の産業や企業は、合理化による人員削減やバブル期の負債解消に追われているのが現状で、新しい分野に積極的に進出する状況ではなく、その効果も期待できない。そこで浮上

図表 6

●「新規・成長15分野」の雇用規模・市場規模予測

	全国の雇用規模予測		全国の市場規模予測		1995年	2010年 全国シェア	
	現状（万人）	2010年（万人程度）	現状（兆円）	2010年（兆円程度）	（兆円）	（兆円）	（%）
医療・福祉関連分野	約348	480	約38	91	6.0	15.0	18
生活文化関連分野	約220	335	約20	43	7.0	12.3	24
情報通信関連分野	約125	245	約38	126	5.6	17.8	14
新製造技術関連分野	約73	155	約14	41	2.0	7.3	20
流通・物流関連分野	約49	145	約36	132	2.8	8.3	15
環境関連分野	約64	140	約15	37	2.6	6.6	21
ビジネス支援関連分野	約92	140	約17	33	2.7	6.6	17
海洋関連分野	約59	80	約4	7	0.3	0.4	14
バイオテクノロジー関連分野	約3	15	約1	10	0.2	2.2	23
都市環境整備関連分野	約6	15	約5	16	0.9	2.6	19
航空・宇宙関連分野	約8	14	約4	8	0.4	0.6	11
新エネルギー・省エネルギー関連分野	約4	13	約2	7	0.3	0.6	15
人材関連分野	約6	11	約2	4	0.3	0.5	14
国際化関連分野	約6	10	約1	2	0.3	0.4	21
住宅関連分野	約3	9	約1	4	0.1	0.4	17
合 計	約1060	1800	約200	550	31.0	81.0	17

各分野に示される予測は、各種統計、産業動向等の情報をもとに総合的な分析を行い求められた現時点での見通しであり、目標ではない。本見通しは相当な幅を持って解釈する必要がある。また、各分野での雇用・市場規模予測には若干重複がある。

（出所）平成10年通産省「新規産業創出環境整備プログラム」、日本経済新聞平成11年 6 月 7 日朝刊掲載の関西で期待される新規成長15分野の市場規模

図表 7

開廃業率の推移

	調査年	1972年	1975	1978	1981	1986	1991	1994	1996	1999
	対象期間（年）	69～72	72～75	75～78	78～81	81～86	86～91	91～94	94～96	96～99
開業率(%)	近 畿	7.07	5.91	6.15	5.99	4.64	4.02	4.45	3.83	4.21
	関 東	7.66	6.65	6.47	6.42	4.84	4.06	4.97	3.92	4.52
	全 国	6.97	6.13	6.18	6.13	4.69	4.22	4.61	3.66	4.14
廃業率(%)	近 畿	3.33	3.90	3.22	3.80	4.13	3.98	4.64	4.65	6.24
	関 東	4.21	3.91	3.14	3.52	3.85	3.75	4.85	3.85	6.35
	全 国	3.82	4.14	3.41	3.77	3.98	4.08	4.66	3.84	5.92
開廃差	近 畿	3.74	2.01	2.93	2.19	0.51	0.04	▲0.19	▲0.82	▲2.03
	関 東	3.74	2.74	3.33	2.90	0.99	0.31	0.12	0.07	▲1.83
	全 国	3.15	1.99	2.77	2.36	0.71	0.14	▲0.05	▲0.18	▲1.78

（出所）事業所統計（1972 年～1991）、「事業所名簿整備調査」（1994 年）
「事業所・企業統計調査」総務省（1996 年～）をもとに近畿経済産業局が加工

したのが、ベンチャー企業育成政策による産業の活性化である。

図表7の開廃業率の推移のとおり1991年より廃業率が開業率を上回り、このままでは事業所数が減少し、これが政策当局に大きな危機感を与えた。特に、関西地域は全国平均を上回り深刻な状態になってきた。この時代の大変革期には、新しい産業の担い手は、新しい企業、ベンチャー企業に期待すべきだという認識が浸透してきた。

今日、ニュービジネス・ベンチャー企業に大きな関心が集まっている最大の理由は、先程も記述したとおり、日本経済が停滞しているため、環境、福祉、教育など多様な領域で様々な社会問題が顕在化し、多くの人々に閉塞感が充満していることにある。そういった意味でニュービジネス、ベンチャー企業の創造は、このような経済問題や社会的問題を解決するために重要な鍵として期待されている。

NBK大賞とは何か

関西圏で優秀な技術やアイデアを持ち、事業化を目指すベンチャー起業家予備軍（学生等）などから優秀者を選ぶ。及び、独創的かつ市場性のあるニュービジネスを展開する企業、経営者の中から、優秀者を選び、その成果を表彰、公表するものである。これにより、ニュービジネスの一層の事業成長を支援することを目的としている。

図表8

① ＮＢＫ大賞年度別表彰企業・団体数

年度	回数	企業・団体数
1989年	第一回	6社
1990年	第二回	6社
1991年	第三回	6社
1992年	第四回	13社
1993年	第五回	9社
1994年	第六回	11社
1995年	第七回	11社
1996年	第八回	14社
1997年	第九回	12社
1998年	第十回	14社
1999年	第十一回	11社
2000年	第十二回	14社
2001年	第十三回	11社
2002年	第十四回	7社
2003年	第十五回	7社
合計		152社

② ＮＢＫ大賞表彰企業の地域分布

所在地	会社数	比率
大阪市	62社	40.79％
大阪府（大阪市を除く）	38社	25.00％
神戸市	7社	4.61％
兵庫県（神戸市を除く）	8社	5.26％
京都市	15社	9.87％
京都府（京都市を除く）	5社	3.29％
滋賀県	5社	3.29％
奈良県	6社	3.95％
和歌山県	3社	1.97％
その他（表彰後移転）	3社	1.97％
合計	152社	100.00％

（１）ＮＢＫ大賞表彰企業の概況

『平成17年7月表彰制度「ＮＢＫ大賞」の現状と課題に関する実態調査』は、ＮＢＫが任意団体の発足した翌年より制度を設け、１９８９年の第1回に6社を表彰し、以後２００３年の第15回までにビジネスプラン、学生ニュービジネス大賞を除く１５２社の企業及び団体を表彰してきた。そこで、この報告書をまとめるために、２００４年の7月に１５２社にＮＢＫ大賞表彰後の現状と課題に関するアンケートを送付した。回答企業は23・９％の32社であった。なお、組織、サービスの革新により公共の利益に貢献した公共団体、非営利団体も表彰したため、回答集計より除外している。

大阪府下におけるニュービジネス企業の分布

先程のＮＢＫ大賞表彰企業１５２社の中から、表彰企業の多い大阪地域を抽出し、新産業分野に進出しつつある企業立地の特性について、ＧＩＳ（地理情報システム・Geographical Information System）により考察する。

（1）実数では中央区が第1位

図表9（ＯＳＡＫＡ—Ｐ　ＮＢ出現率）を見ていただきたい。大阪府下の総数97社（表彰企業１００社のうち、3社が府外に移転）のうち、ニュービジネス企業の実数第1位が大阪市中央区

図表9

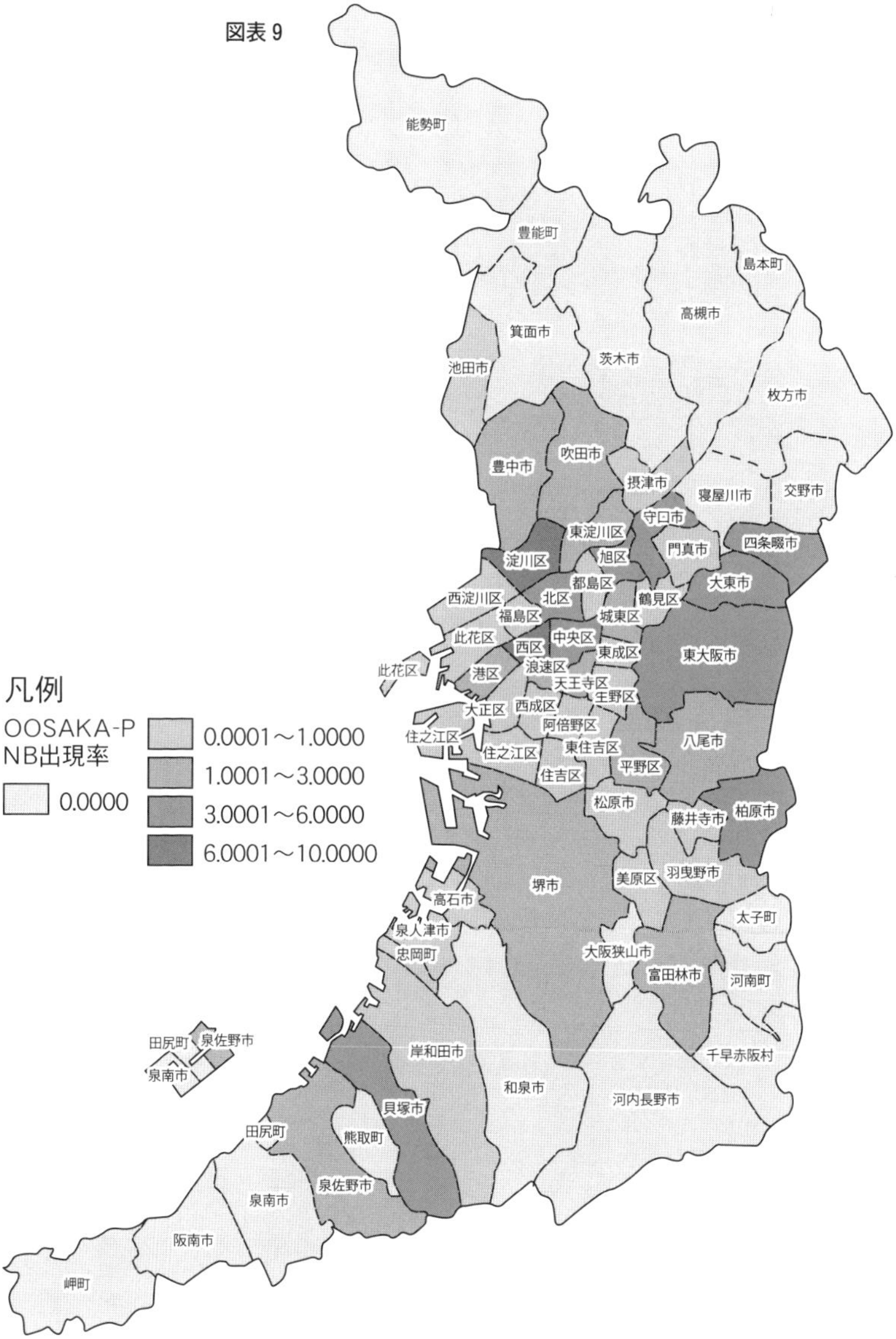
能勢町
豊能町
島本町
高槻市
箕面市
池田市
茨木市
枚方市
豊中市
吹田市
摂津市
寝屋川市
交野市
守口市
東淀川区
淀川区
旭区
門真市
四條畷市
都島区
大東市
西淀川区
北区
鶴見区
福島区
城東区
此花区
中央区
西区
東成区
東大阪市
此花区
港区
浪速区
天王寺区
生野区
大正区
西成区
住之江区
阿倍野区
八尾市
住之江区
東住吉区
平野区
住吉区
松原市
藤井寺市
柏原市
堺市
美原区
羽曳野市
高石市
太子町
泉大津市
大阪狭山市
忠岡町
富田林市
河南町
田尻町
泉佐野市
泉南市
岸和田市
千早赤阪村
和泉市
貝塚市
河内長野市
田尻町
熊取町
泉佐野市
泉南市
阪南市
岬町
凡例
OOSAKA-P
NB出現率
0.0000
0.0001～1.0000
1.0001～3.0000
3.0001～6.0000
6.0001～10.0000

の17社、実数第2位が大阪市北区の13社、第3位が大阪市西区の12社、第4位が東大阪市の11社であった。中央区、北区、西区の大阪市内での総数は43・29％で約半数弱を占める。これはもともと中小企業を中心とする事業所数が多いことが覗える。

●立地係数（ＬＱ：Locational Quotient）

ただ、中央区、北区、西区の実数が多かったとしても、それで直ちにその地区のニュービジネス集積の傾向が強いとはいえない。その区内の全産業の総事業所数のうち、ニュービジネス分野に進出しようとする企業の出現比率が必要である。この構成比を算出し平均値化する。総事業所数との比率、すなわち立地係数を求める。

（2）出現率では西区、淀川区、大東市

大阪府総事業所数1万件あたりの出現数では、97頁の図表9（ＯＳＡＫＡ―Ｐ　ＮＢ出現率）が示す通り、第1位が西区の9・4757、第2位が淀川区の6・6681、第3位が大東市の5・3571、第4位が貝塚市の5・3234、第5位が四条畷市の4・8876、第6位が大阪市中央区、第7位が大阪市北区、第8位が柏原市、第9位が大阪市旭区、第10位が東大阪市と続く。

（3）立地係数では西区、淀川区の優位を確認

立地係数では大阪市西区が第1位で4・7277であった。第2位が淀川区の3・3270、第3位が大東市の2・6728、第4位が貝塚市の2・6560が確認された。

これらの傾向からすると、当初想定していた結果とは多少違ったが概ねニュービジネス企業の出現地域が現えたことは成果があった。市西部のベイエリアが一番出現率が高い。次に都心周辺部から大東市、東大阪市等の中小企業が集積している内陸産業エリア及びりんくうタウン周辺の泉南地域にその傾向が確認された。

次に、152社の分野別のニュービジネス企業分類を図表10の通り行ったが、情報通信分野は1997、98年度により集中するが、傾向としては近年増加していると言える。また、ニュービジネスゆえか、生活文化分野の応募が多くコンスタントに表彰している。参考資料として「NBK大賞表彰企業一覧」を末尾（109～113頁）に挙げておく。

関西地域におけるニュービジネス企業出現への展望

NBK大賞は1989年より開始以来、15年間にわたり優秀なニュービジネスを表彰してきたが、創業数十年以上の会社から数年のベンチャー企業まで、資本金数百万円から1千億円超の企業まで、新旧そして大小様々な会社を表彰している。

図表10

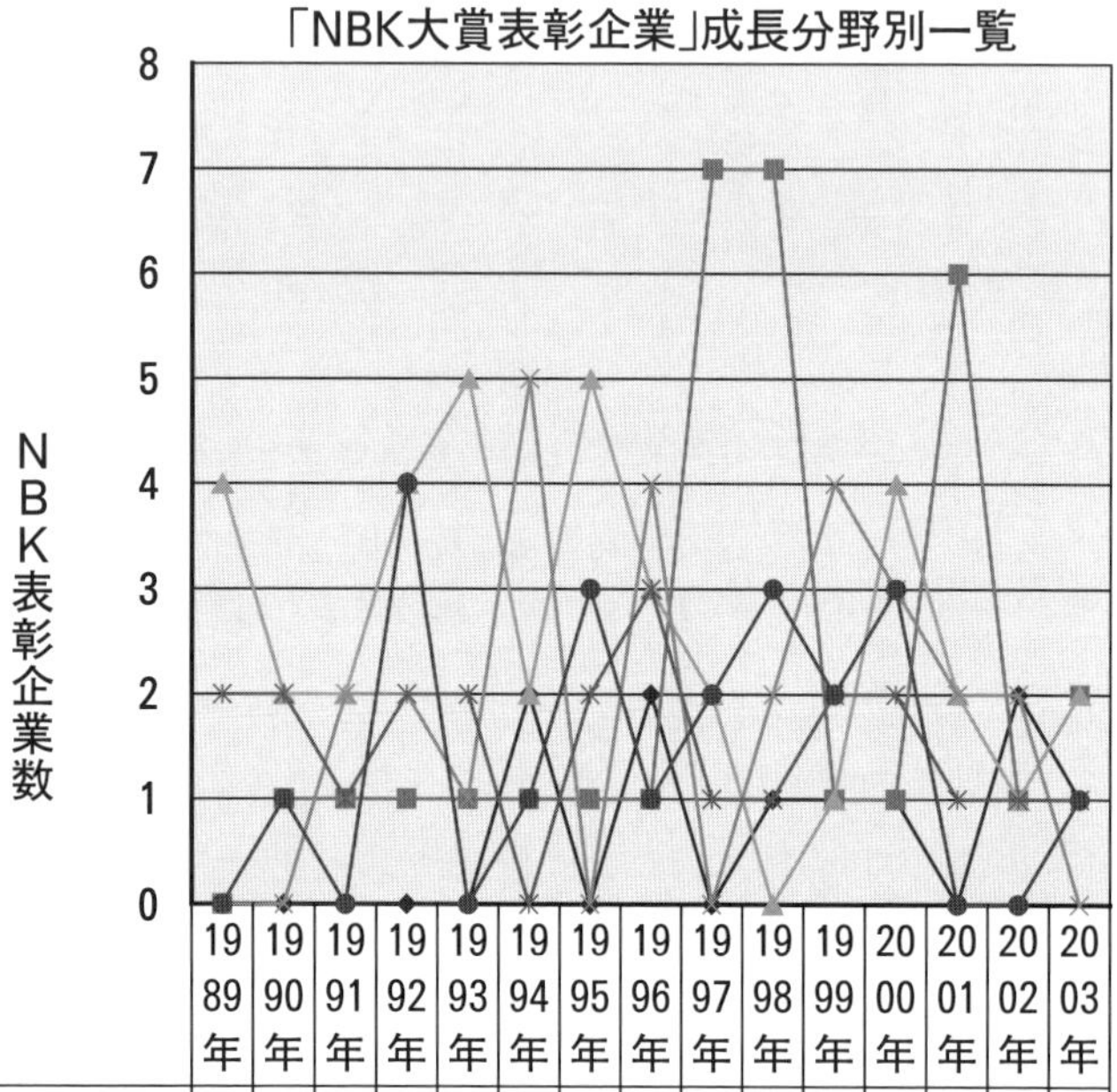

	1989年	1990年	1991年	1992年	1993年	1994年	1995年	1996年	1997年	1998年	1999年	2000年	2001年	2002年	2003年
◆医療福祉	0	0	0	0	0	2	0	2	0	1	1	1	0	2	1
■情報通信	0	1	1	1	1	1	1	1	7	7	1	1	6	1	2
▲生活文化	4	2	2	4	5	2	5	3	2	0	1	4	2	1	2
×環境	0	0	2	2	1	5	0	4	0	2	4	3	2	2	0
✳新技術	2	2	1	2	2	0	2	3	1	1	2	2	1	1	1
●その他	0	1	0	4	0	1	3	1	2	3	2	3	0	0	1

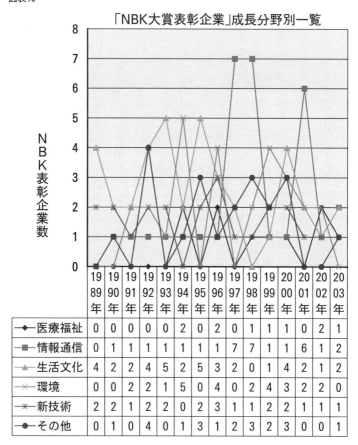

業種や表彰事業内容も技術力をコアにしたもの、サービスのユニーク性をコアにしたものなど様々ではあったが、製造業であれ、サービス業であれ、あるいはその他の業種であれ、業種・業歴・規模など多様な会社が選考されてきた。

過去の表彰企業152社を分析すると、残念ながら廃業、倒産した企業もある。一例は第12回目に起業家部門賞を受賞したナチュラルボディである。NBKが表彰した2000年2月は、今後の活躍が期待されるベンチャー界の注目株であった。当時はほとんど知られていなかった女性向け癒しスペースを、他社に先駆けて展開。時代のニーズを先取りした癒しビジネスで脚光を浴びた。だが、好機と打って出た新事業「スターガーデン＝美容院にネイルサロン、メイクアップスタジオ、審美歯科などを併設した複合美容施設」が失敗。2005年の7月に民事再生法を申請した。負債総額は、売上高とほぼ同額の12億円。

一方、兵庫県のフェニックス電機のように、1995年に会社更生法の適用を申請したが、その後、プロジェクターランプの生産に転換し再建を果たし、まさしく社名どおり「不死鳥」のよう甦った例もある。

なお、現在のフェニックス電機は、ヘリオステクノホールディングス㈱の子会社として2009年4月に設立している。

2005年時点では、表彰後まもなく上場した企業が9社にも及んでいることから、関西地域では注目される顕彰制度であった。

生活者の「ニーズ」を中心として形成される産業に

我が国は、特に第二次世界大戦後、造船、鉄、繊維、家電、自動車等の製造業が経済を引っ張り、また、家電、自動車等の少品種大量生産により「メイド・イン・ジャパン」の製品が世界中を席巻してきた。基礎技術開発より応用技術開発に力を注ぎ、「良いものを安く」をモットーに画一的にものづくりに専念してきた。アメリカ経済を手本に、行政が示す産業構造に転換し、毎年、経済成長率は大幅な伸びを達成し官僚主導型でもあった。通商産業省（現経済産業省）には繊維、鉄、化学等製造業を担当する部署（課、局）がいくつもあった。繊維、鉄、化学、自動車、電子機器等いずれも「企業が市場に何を提供するか」という観点からの分類であり、いわゆる「シーズ分類」であった。しかしながら、新聞の見出しをよく見ると、「環境産業の時代」「シニア産業に集まる期待」「eコマース産業が巨大な市場を生み出す」という「ニーズ分類」である。21世紀に成長が期待される産業は、いずれも、生活者の「ニーズ」を中心として形成される産業である。

例えば「eコマース産業」が提供する「ネットショッピング」は一つの業種だけでは提供できない。

（1）ネットワークインフラを提供する　情報通信業者

（2）パソコンや情報端末を提供する　ハードウェアメーカー

（3）基本ソフトやブラウザを提供する　ソフトウェアメーカー
（4）コンテンツを提供する　コンテンツプロバイダー
（5）電子決済を提供する　金融サービス業
（6）商品を配送する　宅配サービス業
（7）場所を提供する　コンビニエンスストア　など、

異業種企業が集まり、「協働」する事によって提供する事が出来る。もう一つの官（地方自治体）はどうか、補助金やインキュベーション施設によって地域振興を図ろうとしているケースが多いが、新しい産業や市場の創造は「官」に頼っていては難しいようである。民間のパワーで関西経済の活性化を図ってほしい。

まとめ

これまで第1次ベンチャーブームから第3次ベンチャーブームまでを振り返ってきたが、ブームというのは一時期もてはやされても、何年かたてば定着したり下火になってしまうものである。しかし、昨今のように開業率はバブル期をのぞいて傾向的に減少しており、一方、廃業率はバブル期崩壊以降上昇傾向にある。その間、高齢化の進展で国内の労働人口がどんどん減り始め、かつ年齢が上ってきた。人口問題の大きな変化である。高齢者は着々と増え、少子化は一向に改善しない。国内でどんなに頑張っても、今後の国内成長率は2％がいいところで、かつてのように5％はとても望めない。グローバル化は今後も進み、海外に生産拠点を移していった大企業はもう帰ってこないだろう。改めて国内に目を向け今後どうなっていくのかを考えた場合、やはり内発型イノベーションを進まざるを得ない。これからはいままでと違い智恵と経験値と仕組みで収益モデルを構築していく時代になっていくだろう。

企業が成長していくためには、技術の進歩やグローバル化に対応していくだけでなく、市場ニーズの急速な変化に機敏に対応していくことが大切である。かつては、ひとつのビジネスを守り抜けば企業は成長を続けられた。しかし、最近では中国など新しいビジネスの担い手が製造の現場で強みを発揮しており、メーカーなどは正面から勝負を挑むのではなく、保持している資源を有効活用して、新興企業が真似のできない商品、仕組みを生み出すことが重要になってきた。そのためには新たなビジネスモデルを構築する必要がある。

これまでさまざまな業種で、勝ち続けてきた企業は、新商品開発のみならずビジネスモデルなどの差別化で競争優位を確立してきた。これを経済学では産業構造の変化と捉えてきたが、経営学ではビジネスモデルの差別化と捉えられる。

ビジネスモデルといえば、事業を継続し顧客に価値を届けるために、企業が製品やサービスを実際に届けるまでに行う一連の仕組み全体をいう。事業の仕組みというと、インターネットを駆使したニュービジネスを想定しがちであるが、インターネットはツールのひとつにすぎず、また技術の一つにすぎない。

そこでなぜ、ビジネスモデルという用語が台頭してきたのか、また、どのような議論がなされているかを見ておきたい。

そもそもビジネスモデル特許より拡がったものであり、発明の内容により①ビジネス・モデル、②ビジネス・メソッド、③ビジネス・システム、④ビジネス・プラクティスのように類別されるが、米国においては、ビジネス・メソッドの名称が一般的であると言われている。このビジネスモデル特許なるものは、主としてコンピュータを活用してビジネスを行う方法、あるいはその方法を実施するためのシステムを発明の対象として保護する特許である。

すなわち、現在注目を集めるビジネスモデル特許は、おおむねコンピュータ、特にインターネットの普及により開発された技術に関わるためのものであると言えるだろう。

しかし、このビジネスモデル特許も、長い歴史のなかでは、発明とは何かという論争がしばしば繰り返されてきた。18世紀におけるイギリスにおいて、ジェームス＝ワット（James Watt １７６９）の発明による蒸気機関があるが、このワットの発明の実体は、新商品ではなかった。蒸気を用いた機関の燃焼効率を改善するための方法であったそうだ。そのころの特許実務においては、衣類、工具、薬品、日用品等、物理的な実体を備え、商店において販売の対象になる商品だけが特許発明の対象と認められていた。

現在における企業も、新商品の発明のように物理的な実体だけを備えている、新製品や新サービスの開発だけではなく、仕組みの重要性が問われている。

すなわち企業が持続的に競争優位を決めるためには、重要な競争が演じられなければならない。つまり新しい事業の仕組みを考え、この仕組みづくりでイニシアティブを握り、競争に勝って成長発展していくことである。

企業は経済成長の鈍化、外資の参入による競争の激化、情報技術の進歩というような大きな環境の変化に直面しており、メーカーのみならず流通業も、今日の消費が冷え込むなかでなんとか消費を喚起するために、従来の非効率なやり方を改めたり、新しい工夫を積み重ねたりしながら変革を行ってきた。

しかし、環境の変化は激しく、スピードもますます速くなっている。このような環境の変化に適合し、企業が存在し、持続成長していくためには、前述したとおり新しいビジネスモデルを創造することが重要であろう。

●潜在的新産業群・重点サービス分野の将来展望

政府の新経済成長戦略では、今後の発展が期待されるサービス分野や潜在的な新産業群として下記の10分野を取り上げている。(図表11)

第2次安倍政権が発足した2012年官民ファンドが立ち上がり、現在は14のファンドがある。これらの新しい官民ファンドは、2009年に15年間の時限立法で経済産業省の主導により

図表11

＜潜在的新産業群＞	市場規模（実質値：兆円）	
	直近実績	2015年(推計値)
新世代自動車（注1）	0.1	8.2
次世代知能ロボット（注2）（注3）	0.5	3.1
先進医療機器・医療技術（がん克服等）（注4）	8.7	11.8
次世代環境航空機（注3）（注5）	NA	2.8

＜潜在的新産業群＞	市場規模（実質値：兆円）		雇用規模（万人）	
	直近実績	2015年(推計値)	直近実績	2015年(推計値)
健康・福祉サービス（注6）	51.8	66.4	496	552
観光・集客サービス	24.5	30.7	475	513
コンテンツ（注3）	13.6	18.7	185	200
育児支援サービス	3.1	3.9	50	54
ビジネス支援サービス	75.6	93.9	630	681
流通・物流サービス	126.5	150.7	1447	1458

（注1）新世代自動車はハイブリット自動車と燃料電池車の計　（注2）産業用ロボット及び生活、医療・福祉、公共分野のロボットを合計した値　（注3）次世代知能ロボット、次世代環境航空機については、海外市場も含めた数値　（注4）がん対策以外の医療機器・医療技術を含む　（注5）推計値は販売開始から2015年にかけての総額。航空機、エンジンの生産額（1.6　兆円）のほか、社会全体への波及効果を含む　（注6）保育は福祉の一つであるが、本報告書においては「育児支援サービス」に含めている。

（出所）平成18 年6 月9 日、経済産業省産業構造審議会新成長政策部会の「新経済成長戦略」資料

設立されたハイテクベンチャー支援等の産業革新機構をモデルにしている。多くの民間出資については、政府保証がついており15年後に明確になる投資の失敗は、国民の税金で補塡されることになるので、官民ファンドといわれる所以である。

会計検査院によると、2017年3月末時点で全体の4割強にあたる6つのファンドが損失を抱えているとのこと。苦戦が続き官民ファンドの再編が検討されているようである。

最大の革新機構は1兆2千億円超の利益を上げたが、海外需要開拓支援機構や農林漁業成長産業化支援機構などは、軒並み回収額と保有株な

ど評価額の合計が投融資額を下回る損失状態に陥る。革新機構も小型案件への投資では、成果が出ずに撤退する例も目立つようである。革新機構は２０１７年度下半期に計6件の投資案件を手じまいしたが、株式市場で株を売却できたのはルネサンスエレクトロニクスなど2件で、残る４件は投資先の解散など、事実上の撤退であった。

確かに日本のベンチャー投資は海外と比較すると見劣りするぐらい少ないそうだが、いずれ国民への負担となるのであれば、もっと人材育成への注力を切望する。

民間活力を導入して投資効果を上げるためには、投資先のバリューアップを支援するプロ人材が必要である。また、海外勤務や留学等の機会、制度を増加させグローバル視点で行動できる若者を増やす施策が必要である。

日本の高い技術レベル、ものづくりへの取り組み姿勢、おもてなしの心、安心安全のブランド、豊富に存在するファイナンスという日本が蓄積してきたストックをフロー化することにより、産業界に新しい活力を生み出すことが求められている。

NBK大賞表彰企業一覧

回数	年度	社名	賞	授賞事業	分類※
第1回	1989	㈱エアーセル	特別賞	プラチナや金を混入して焼き上げる高級タイルの開発及び販売	5
第1回	1989	内外テクニカ㈱	特別賞	ユニークな多段式立体駐車場の開発	3
第1回	1989	㈱ライブコートシーズ	特別賞	禁煙に効果のある禁煙香の開発等香りの事業化	3
第1回	1989	フェニックス電機㈱	特別賞	各種ハロゲンランプの製造・販売	5
第1回	1989	㈱ジッポー	奨励賞	ペットの移動式葬儀サービスのフランチャイズ	3
第1回	1989	マリンプロモ㈱	奨励賞	マリンチャータービジネスの具体化、会員制の運営	3
第2回	1990	新コスモス電機㈱	大賞	携帯用においセンサー等、新製品の開発	5
第2回	1990	㈱中村機器エンジニアリング	大賞	機械メーカーから出発してエレクトロニクス分野への事業展開	5
第2回	1990	㈱パックエム	奨励賞	知育玩具の企画、開発。88年グッドデザイン福祉商品賞の受賞	3
第2回	1990	バビロン㈲	奨励賞	結婚式のプロデュースや会員制クラブの企画、レストラン等の経営	3
第2回	1990	㈱情報アイランド	奨励賞	企業が新分野へ進出する際のサポートビジネス等の情報事業。新業種として新しいｻｰﾋﾞｽを提供	2
第2回	1990	㈱アン・プロデュース	奨励賞	「虹の会」が開発した診断システムの販売等新業種として新しいサービスを提供	6
第3回	1991	イーディーコントライブ㈱	NBK大賞	コンピュータープロテクト加工のサービス及び各種産業通信機器の開発・販売	2
第3回	1991	東西化学産業㈱	技術大賞	水処理管理システムおよび全自動水質分析システムの開発	4
第3回	1991	近畿バイオメディカル㈱	審査委員長特別賞	クリーンルーム装置の開発・製造等のきめ細やかなソフト面の提供	4
第3回	1991	ルミナス観光㈱	奨励賞	神戸港遊覧船運行の企画・運営	3
第3回	1991	オプテックス㈱	奨励賞	琵琶湖ウォーターフロントに一般ユーザー対象の会員制アウトドアスポーツクラブと社内研究開発施設をドッキングさせた施設おーぱる(O'PAL)の開発	3
第3回	1991	㈱オクイトク	奨励賞	電子チップ部品を収納し、自動表面実装機に供給する「ｷｬﾘｱﾃｰﾌﾟ」の開発・製造	5
第4回	1992	ジャパンマーケティングセンター㈱	NBK大賞	ファッション関連総合ビジネス「神戸ファッションマート」の運営	6
第4回	1992	大阪証券取引所	特別賞	日経平均株価・オプション取引の導入、外国株の投資信託「カントリーファンド」の市場開設	6
第4回	1992	森のサーカス㈱	マーケティング部門賞	木製小物家具、インテリアグッズの企画・販売	3
第4回	1992	㈱ジャパンヒューマンプラザ	マーケティング部門賞	関西の優良中小企業を対象とした求人雑誌「Going My Way」の発行	3
第4回	1992	㈱清水	マーケティング部門賞	農地を借り受けて行う駐車場の一括賃貸事業	3
第4回	1992	オージーケー技研㈱	商品部門賞	グラスファイバーホイールの製造・販売	6
第4回	1992	ドリームショット㈱	商品部門賞	コンピュータグラフィックによる肖像画、合成写真のリフト及びデザインの制作販売	2
第4回	1992	トーフレ㈱	技術部門賞	ステンレス製フレキシブルチューブの製造販売	5
第4回	1992	エヌ・アイ・テクノセールス㈱	環境・アメニティ部門賞	有機物再資源化システム、バイオメイト（高速発酵処理装置）の開発	4
第4回	1992	タケダ園芸㈱	環境・アメニティ部門賞	産業廃棄物を活かした環境保護商品「タケダ培養土21」の開発及び販売	4
第4回	1992	㈱鮎家	企業家部門賞	昆布巻き・佃煮・琵琶湖料理の製造・販売	3
第4回	1992	タカトリ(株)	企業家部門賞	繊維製品の製造に関する自動機の開発・製造・販売	5
第4回	1992	大阪市立大学経済学部	公益部門賞	熟年大学院、二部社会人入試、自己推薦入試、企画講座等の実施	6

回数	年度	社名	賞	授賞事業	分類※
第5回	1993	フジリサイクル(株)	NBK大賞	プラスチック廃棄物のリサイクルプラントの開発・製造・販売	4
第5回	1993	山田印刷(株)	特別賞	職場環境の充実化および地域情報誌の発行、福祉・文化活動による社会貢献	3
第5回	1993	㈱京とうふ藤野	マーケティング部門賞	京とうふ全国直販および「豆腐百選」「ばんざいや豆魂」の開設	3
第5回	1993	㈱今西清兵衛商店	マーケティング部門賞	清酒・みりん・奈良漬の製造販売および海外市場への参入	3
第5回	1993	柏原計器工業㈱	技術開発部門賞	オンライン一括検診システム「タッチミル」の開発・製造・販売	2
第5回	1993	本田工業㈱	技術開発部門賞	ゲルマニウム単結晶風速センサー「HONFIELD」開発・製造・販売	5
第5回	1993	(株)ウツキ	環境・アメニティ部門賞	高美粧性包材「ファインパルプモード」の開発・製造・販売	3
第5回	1993	港情報通信サービス㈱	企業家部門賞	オリジナルソング・カラオケの製作・販売	3
第5回	1993	㈱インタック	企業家部門賞	カラー原画拡大ロボット「メチエ」の開発・製造・販売	5
第6回	1994	大塚オーミ陶業㈱	NBK大賞	大型美術陶板「セラミックアート」の開発・製造・販売	3
第6回	1994	㈱松下サッカークラブ	特別賞	プロサッカーチーム「ガンバ大阪」の運営	6
第6回	1994	㈱エージー	マーケティング部門賞	紙飛行機「ホワイトウイングス」の企画・販売	3
第6回	1994	もりや産業㈱	マーケティング部門賞	無臭無煙ゴミ焼却機「サン・クリーン」の開発・販売	4
第6回	1994	㈱いけうち	技術開発部門賞	自動消毒噴霧車「サニカート“C”」の開発・製造・販売	4
第6回	1994	根来産業㈱	環境・アメニティ部門賞	リサイクルカーペットの製造・販売	4
第6回	1994	協同組合ラテスト	環境・アメニティ部門賞	木材・繊維クズを原料とした特殊性能炭化物の開発・製造	4
第6回	1994	㈱ダイケイ	企業家部門賞	電話番号から地図住所を検索する「テレマップシステム」の開発	2
第6回	1994	三笠産業㈱	企業家部門賞	オリジナルプラスチックキャップの開発・販売	4
第6回	1994	アップリカヒューマンウェル㈱	ヒューマン商品開発部門賞	高齢者向け在宅介護システム機器の開発・製造・販売	1
第6回	1994	三和化研㈱	ヒューマン商品開発部門賞	エアー噴気型床ずれ治療器「サンケンマット」の開発・製造・販売	1
第7回	1995	㈱水研	NBK大賞	水道用ダクタイル鋳鉄製ボール形可撓伸縮管「スーパーフレキベンダー」の開発	6
第7回	1995	関西国際空港(株)	特別賞	国内初の本格的24時間海上空港である関西国際空港の運営・管理	6
第7回	1995	川端ネジ製作所	マーケティング部門賞	アートネジ商品「新感度スクリュー」の製造・販売	3
第7回	1995	㈱同朋舎出版	マーケティング部門賞	書籍の法人向けギフト化商品などオリジナル商品の開発・販売	3
第7回	1995	奥野製薬工業㈱	技術開発部門賞	水系完全無機質塗料「ＣＲＭ－ＣＯＬＯＲ」の開発・販売	5
第7回	1995	㈱マイクロン	技術開発部門賞	各種イオン内在マイクロカプセルの開発・製造・販売	5
第7回	1995	エコルーフガーデン㈱	環境・アメニティ部門賞	屋上緑化システム「エコルーフガーデン」の開発	3
第7回	1995	㈱夢工房	起業家部門賞	女性の感性を活かしたコンピューターソフトの開発	2
第7回	1995	㈱モンベル	起業家部門賞	アウトドア用品の企画・開発・販売	3
第7回	1995	㈲オフィスどんぐり	ヒューマン商品開発部門賞	大型自動車後部安全確認装置「どんぐりめ」の開発・製造・販売	6
第7回	1995	環境科学開発(株)	ヒューマン商品開発部門賞	天然物を利用した生活環境の改善商品の開発	3
第8回	1996	㈱テー・アール・ピー	NBK大賞	活性化酸素による洗浄除菌装置、液中燃焼式廃液・廃棄物処理システムの開発	4
第8回	1996	学校法人立命館	特別賞	産学交流事業「トータル・リエゾン・プラン」の推進	6
第8回	1996	㈱ＭＳＴコーポレーション	マーケティング部門賞	高性能工作機械用補要工具「データワンコレットホルダC型」の開発	3
第8回	1996	奥野清明堂	マーケティング部門賞	日常生活の中で楽しむお香「アロマテラピー“リフレ”」の開発・製造・販売	3

回数	年度	社名	賞	授賞事業	分類※
第8回	1996	㈱メイクリーンお仏壇本舗	マーケティング部門賞	泡すす洗い方式による仏壇仏具クリーニングサービスの展開	3
第8回	1996	アレックス㈱	技術開発部門賞	スクラップリサイクルが可能なアルミ鋳造小型船の開発・製造・販売	4
第8回	1996	リキッドコンサンド㈱	技術開発部門賞	特殊吸着剤を用いコスト低減を可能にした工業排水処理装置の開発	4
第8回	1996	理研発条工業㈱	技術開発部門賞	水銀を使用しないバネ振り子方式の振動スイッチの開発	5
第8回	1996	㈱ジテック	環境・アメニティ部門賞	採掘不要の排水暗渠システム「ジオクロスパイプ工法」の開発・販売	2
第8回	1996	日本通酸㈱	環境・アメニティ部門賞	水に溶けやすい和紙を素材とした環境にやさしい「和紙風船」の販売	4
第8回	1996	㈱ウエダ	起業家部門賞	電気二重層コンデンサ使用の「全天候型ソーラー電源システム」の開発	5
第8回	1996	双和化成㈱	起業家部門賞	高強度のＦＲＰ製締結材及び研削・研磨砥石の開発・製造・販売	5
第8回	1996	アムテック㈱	ヒューマン商品開発部門賞	人工透析装置用イオン洗浄剤「ＡＭＴＥＣ　ＱＣ－７０」の開発・販売	1
第8回	1996	大研医器㈱	ヒューマン商品開発部門賞	大気圧利用の携帯型微量精密注入器「デュアルバック」の開発	1
第9回	1997	㈱ローカス	NBK大賞	ＰＨＳを利用した位置情報システム事業（マンナビゲーションシステム）	2
第9回	1997	㈱神戸ハーバーサーカス	特別賞	被災地神戸に「雇用創出」「産業復興」を神戸ハーバーサーカスの運営を通して実現	6
第9回	1997	日本アイディーテック㈱	知識システム部門賞	２次元マトリックスコード（ＣＰコド）を用いた商品管理システムの提供	2
第9回	1997	東大阪異業種交流グループ「トライの会」	マーケティング部門賞	異業種交流による「カウントダウン21ダイヤリー」及び「日本一短い母への手紙」の日めくりカレンダーの開発・販売	6
第9回	1997	日本敷物工業組合	マーケティング部門賞	チューブマット技術を応用した「グラファイト・ヒーティング・システム」の開発・販売	3
第9回	1997	サツマ通信工業㈱	技術開発部門賞	高密度・低コストにプリント配線基板量産化を可能にするレジスト塗布装置の開発と実用化	5
第9回	1997	㈱日本プロテクター	技術開発部門賞	ノンストップ（無停止）コンバータの開発・販売	2
第9回	1997	西山ステンレスケミカル㈱	環境・アメニティ部門賞	液晶表示カラーフィルター不良再生処理事業	2
第9回	1997	㈱カワイプロ	起業家部門賞	クリエイティブネットワークシステム（ＣＮＳ）を用いたデジタルツールの制作・販売	2
第9回	1997	日本デルモ㈱	起業家部門賞	ＩＣカードと本人の指紋による、電子取引・決済等における本人確認装置の事業化	2
第9回	1997	㈱アビーロード	ヒューマン商品開発部門賞	壁面ベビーチェア「まっててね」、壁掛けオムツ交換ベッド「オムツっ子」の開発・販売	3
第9回	1997	㈲グローバルインターネットサービス	ヒューマン商品開発部門賞	インターネットサービスによる在宅勤務ノウハウシステムの提供	2
第10回	1998	㈱ランゲート	NBK大賞	超低コストＴＶ共聴型ＬＡＮシステム事業	2
第10回	1998	関西特許情報センター	特別賞	特許情報の活用支援事業	6
第10回	1998	㈱オフィス・テクノ	マーケティング部門賞	生産財市場を対象とした中小企業サバイバル支援事業	6
第10回	1998	㈱夢建人	マーケティング部門賞	マルチメディアを利用した住宅の高度情報処理	2
第10回	1998	㈱リーデック	マーケティング部門賞	簡易型充電器「ポケチャージャー」の商品化	2
第10回	1998	㈱サイノシュア	技術開発部門賞	リモートネットワークコンピューターシステムの開発	2
第10回	1998	テクノス㈱	技術開発部門賞	液晶品位測定装置の開発	2
第10回	1998	山田エンジニアリング㈱	技術開発部門賞	伝導工具（ボールギアカム）の開発	5
第10回	1998	㈱アートワーク・ノガミ	環境・アメニティ部門賞	自在機能鋼管「アジャスティ」等の開発設計	4

回数	年度	社名	賞	授賞事業	分類※
第10回	1998	㈱松下商會	環境・アメニティ部門賞	視向性面発光体製品開発製造事業	4
第10回	1998	㈱エムズ・ファーイースト	起業家部門賞	美味、低価格のオリジナルビール(地ビール)製造販売促進事業	6
第10回	1998	寧楽システムウェア㈱	起業家部門賞	モバイル営業を実現するカード型情報システム開発・販売	2
第10回	1998	㈱アルファックス	ヒューマン商品開発部門賞	脳機能チェックシステム「脳・アラーム」の開発	2
第10回	1998	㈱エイコム	ヒューマン商品開発部門賞	「生体中ニトロソチオール化合物測定装置」の開発	1
第11回	1999	㈱神戸エコカー	NBK大賞	最新型エコカー（低公害車）によるレンタカー事業	4
第11回	1999	学校法人龍谷大学	特別賞	龍谷大学エクステンションセンター（REC)事業	6
第11回	1999	㈱日本コスモトピア	マーケティング部門賞	「Selfee Win マルチメディアバージョン」の開発	2
第11回	1999	㈱リック	マーケティング部門賞	歯科技工業務のネットワークを核とした歯科産業の活性化	6
第11回	1999	ウペポ・ディー・マジ㈱	技術開発部門賞	テキスタイル向けデジタルプリントにおける特殊インクの開発・製造	5
第11回	1999	㈱ビアンコジャパン	技術開発部門賞	石材及びコンクリート建築物のリニューアル並びにその美観維持・保護の関する技術・製品の研究開発	5
第11回	1999	内海企画㈱	環境・アメニティ部門賞	回収ペットボトルより食品容器を製造する一貫製造プラント	4
第11回	1999	㈱ギアテック	環境・アメニティ部門賞	廃プラスチックを再生利用した駐車場用芝生保護支持材の商品化	4
第11回	1999	J. C. コンポジット㈱	環境・アメニティ部門賞	間伐材による道路面の舗装法	4
第11回	1999	メディカルデータバンク㈱	起業家部門賞	スポティース（運動用臼歯保護具）の商品化事業	3
第11回	1999	三粧化研㈱	ヒューマン商品開発部門賞	海草カプセル化粧品「ターラ・ビー・シリーズ」の開発・販売	1
第12回	2000	㈱丸和栄養食品	NBK大賞	新薬開発のための蛋白質立体構造情報の提供事業	1
第12回	2000	東大阪商工会議所	特別賞	地域中小企業支援事業	6
第12回	2000	京都リサーチパーク㈱	特別賞	京都地域における新産業創出拠点事業	6
第12回	2000	㈱テックジャム	ビジネスモデル部門賞	インターネットマーケティングシステム（計測器のユーザーネット直販及び技術サービス）	2
第12回	2000	神戸産業資材㈱	ビジネスモデル部門賞	KSSアウトソーシング事業	6
第12回	2000	㈱スーパーホテル	マーケティング部門賞	低価格で高品質の「スーパーホテル」の運営システムの構築	3
第12回	2000	野村電子工業㈱	技術開発部門賞	2次放電利用オゾン発生装置及び噴霧装置と微細気泡発生装置	5
第12回	2000	㈱ムラタ溶研	技術開発部門賞	G•T•A溶接法を用いた自動省力化機器の研究開発・製造	5
第12回	2000	㈱ゲインコーポレーション	環境・アメニティ部門賞	新しいタングステン錘の開発と販売	4
第12回	2000	東邦建業㈱	環境・アメニティ部門賞	内放しコンクリート面の防水再生工法	4
第12回	2000	㈱フジアウテック	環境・アメニティ部門賞	雨水利用地下タンク「ハウスダム」の製造販売	4
第12回	2000	㈱ナチュラルボディ	起業家部門賞	会員制リラクゼーションビジネスの世界展開	3
第12回	2000	㈲アクションケイ	ヒューマン商品開発部門賞	沐浴シート「もっくよっく」の開発と販売	3
第12回	2000	㈱ディープラン・ヨネザワ	ヒューマン商品開発部門賞	耐震金物DボルトⅡの開発	3
第13回	2001	㈱セラーテム・テクノロジー	NBK大賞	高精細画像フォーマットVFZによるコンテンツ管理及びインターネットによる配信	2
第13回	2001	大阪商工会議所	特別賞	中小企業向け取引支援等広域情報ネットワークシステム「ザ・ビジネスモール」事業	2
第13回	2001	㈱ニーツ	ビジネスモデル部門賞	インターネットワールド・ファクトリー「INWF」事業	2
第13回	2001	㈱ファーストドリームトレイン	マーケティング部門賞	無料プロバイダーclicom. net事業	2

回数	年度	社名	賞	授賞事業	分類※
第13回	2001	㈱太鼓センター	マーケティング部門賞	和太鼓の創造的総合サービスビジネス	3
第13回	2001	豊精工㈱	技術開発部門賞	マシニングセンター用フランジ可動式二面拘束ホルダーの開発と事業化	5
第13回	2001	㈱ハネロン	技術開発部門賞	データメール交換アダプタ（DMA-S）の開発	2
第13回	2001	リステム㈱	環境・アメニティ部門賞	建築のオープンネットワーク設備管理システム	4
第13回	2001	ヤマキ工業㈱	環境・アメニティ部門賞	ドライアイスペレットによる低圧源ブラスト洗浄装置の営業開発事業	4
第13回	2001	㈱キャピオン	起業家部門賞	電子財布(C－BOX)を利用した電子マネー型決済事業	2
第13回	2001	エアシステム㈱	ヒューマン商品開発部門賞	空調ダクト新工法（CDA工法）事業	3
第14回	2002	㈱ヴァイナス	ＮＢＫ大賞	「スーパー・マトリクス・ソルバ」開発及び販売	2
第14回	2002	三鈴精工㈱	技術開発部門賞	手袋着脱機の開発	5
第14回	2002	川瀬産業㈱	環境・アメニティ部門賞	プラスチック・マテリアルリサイクル製品の新規開発事業	4
第14回	2002	京とうふ藤野㈱	環境・アメニティ部門賞	第３セクターによる環境保全・循環型豆腐製造工場	4
第14回	2002	㈱ネクストジャパン	起業家部門賞	15分につき100円で遊び放題。レジャーのコンビニ&バイキング	3
第14回	2002	ラ・サラ㈱	ヒューマン商品開発部門賞	車椅子専用オーダースーツの開発・製造販売	1
第14回	2002	ソユーム㈱	ヒューマン商品開発部門賞	新機軸による福祉用具開発制作	1
第15回	2003	太洋工業㈱	企業革新部門賞	高精細フレキシブルプリント配線基板（FPC)の超短納期試作	5
第15回	2003	㈱アスク	ヒューマン商品開発部門賞	連続式点字表示装置を使用した視覚障害者向けシステム	1
第15回	2003	㈱ミラクルスリーコーポレーション	ビジネスモデル部門賞	集合住宅増改築システムの企画・設計・販売	3
第15回	2003	㈱エトレ	マーケティング部門賞	ペットネスクラブ「P-WELL」事業	3
第15回	2003	㈱ジェイ・エス・エル	起業家部門賞	Webを使った技術者の育成とマネジメントの総合システム「SUSシステム」による新事業展開	6
第15回	2003	㈱ハーテック	ハートフルテクノロジー開発部門賞	センター型超簡単インターネットTV電話「楽笑タイムLite」	2
第15回	2003	アイ・オーシステム㈱	地域貢献部門賞	漏洩の防止と多様な組織形態に対応できるグループウェアの開発と販売	2

※１医療・福祉、２情報通信、３生活文化、4環境、５新技術、６その他

（主要参考文献）

近藤弘（１９８４）『関西商法の源流と新流』日本実業出版社
日本経済新聞社編著（１９９３）『関西・新産業論』日本経済新聞社
関満博（１９９５）『地域経済と中小企業』ちくま新書
社団法人関西ニュービジネス協議会（１９９６）『関西地域におけるニュービジネス成功法則に関する調査研究』
野口悠紀雄（１９９９）『日本経済再生の戦略』中公新書
ヘンリー・幸田（２０００）『ビジネスモデル特許』日本工業新聞社
21世紀の関西を考える会発行（２０００）『20世紀の関西〜歴史から学ぶ将来を展望する』
堺屋太一（２００２）『日本の盛衰』ＰＨＰ新書
金井一頼、角田隆太郎（２００２）『ベンチャー企業経営論』有斐閣
土井教之、西田稔編著（２００２）『ベンチャービジネスと起業家教育』御茶の水書房
渡辺米英（２００２）『回転寿司の経済学』ベスト新書
福井栄一（２００３）『上方学』ＰＨＰ文庫
井上章一（２００３）『関西人の正体』小学館文庫
中橋國藏（２００３）「経営戦略」柴田悟一・中橋國藏（編著）『経営管理の理論と実際〔新版〕』東京経済情報出版
明治安田生命関西を考える会（２００４）『始まりは関西―進取の精神と風土を探る』
日本経済新聞、２００５年８月10日、８月30日の記事
日経ベンチャー（２００５）「破綻の真相／ナチュラルボディー」『Nikkei Venture 2005.9』日経ＢＰ社

社団法人関西ニュービジネス協議会（2005）『表彰制度「NBK大賞」の現状と課題に関する報告書』
吉田泰三（2008）『事業創造と社会貢献戦略』ジェイ・シー・アイ・サービス出版
一橋ビジネスレビュー（2006）『季刊2006年・SPR 53巻4号』一橋大学イノベーション研究センター 東洋経済新報社
松田修一（2014）『ベンチャー企業（第4版）』日経文庫
吉田泰三（2015）「関西の食文化と経済の断章」『手のひらの宇宙No.2』平野智照編 あうん社
日本経済新聞、2018年6月21日の記事

吉田 泰三（よしだ たいぞう）
1954年兵庫県生まれ。1977年学卒後、テキスタイルメーカーに11年間勤務。1988年ニュービジネスフォーラム（現一般社団法人関西ニュービジネス協議会）事務局に入局。2017年まで約30年間、ニュービジネス・サポート・センター（事業評価、経営支援・補完・指導）やNBK大賞（顕彰事業）及びNBKベンチャー大学（起業家、支援人材、投資家育成講座）、販路開拓支援事業など様々なベンチャー支援施策に取り組んだ。現在、株式会社G―7ホールディングス常勤監査役。著書に「事業創造と社会貢献戦略」（Business Creation and Social Contribution Strategy）などがある。

■塾長講義録〈鉄則13〜15〉

⑬ベンチャー企業は失敗の代名詞となった

これからは多少なりとも若い起業家たちの力になりたい。60歳代になった私は自分の人生設計の考えもあって、二〇〇三年、JR神戸駅前の自社ビル（ファースビル）に神戸インキュベーションセンターを設立した。企業の巣立ち、すなわち自立までを支援しましょうというのが設立の目的だ。

この数年前から「資本金一円でも株式会社を設立できる」法律ができていたが、予測したほどにこの制度の効果があがらなかった。そして、起業の成功率はさんたんたる有様だった。

当時、起業した会社は「ベンチャー企業」と呼ばれてもてはやされた。ところが十年もしないうちにベンチャー企業は失敗の代名詞のようになり、ベンチャーという言葉を使うことすら敬遠される風潮になってしまったのだ。

神戸インキュベーションセンターのブース（部屋の区切り）に入ったベンチャー企業も巣立ちすることの厳しさを実感した。

私としてはいろいろと支援してきたつもりだったが、入居した起業家に決定的に欠けるものがあった。それは、「ビジネスの厳しさに対する認識の甘さ」に尽きる。一言でいえば金銭感覚の欠如である。

また、ニーズとシーズを勘違いして、ある商品を開発したら勝手に売れるものと思い込んでいるような甘さにおいても共通している。そこに早く気づき、次章で述べる「起業成功の鉄則」を、強い意志と情熱をもって実践できるかどうか。ベンチャー企業の成功は、そこにかかっているのである。

⑭ シーズよりニーズ、すでに繁盛している二番手商売をねらえ。

私は長年「関西ニュービジネス協議会」（NBK）に席を置いていた。これは社団法人組織で、全国のブロックごとに同名の組織がつくられて、ニュービジネスを起す人たちの支援や啓発活動がおこなわれている。

NBKでは毎年、啓発活動の一環としてニュービジネスにチャレンジする人たちのプレゼンテーションを審査している。こうした活動自体は有意義なことだが、残念なことに、ここで選ばれたビジネスプランがその後大きく発展したかといえば、必ずしもそうではない。むしろ鳴かず飛ばずのまま、世に出なかったプランも少なくない。

なぜなのか。その理由を簡単に言えば、市場ニーズをつかみきっていない商品やビジネスプランであるからだ。

新しい商売に果敢にチャレンジするのはいいけれど、発想やアイデアが面白いというだけではビジネスにはならないのだ。もしそれが本当に儲かる商売（商品）だったら、大企業はすぐやり始め、たちまち販路は奪われてしまう。だから何か新しい商売をやるときには、大企業が手を出さないようなニッチの商売を選ぶ必要がある。

「二番手商売ではなく、二番手商売をやりなさい」。私は起業を目指す若い人にはそうアドバイスしている。まだ誰も手掛けていない一番手の商売は、未知の市場開拓から始める必要がある。そういうシーズの商売は大手企業や金持ちがすることだ。

二番手商売というのは、すでに市場ニーズがあり、誰かが儲けている商売のことである。これから起業しようという人は、すでに繁盛している二番手商売をねらい、成功者の後を追うことが最短かつ成功の秘訣である。

⑮「魚のいる池で釣りをする」のは商売のイロハである

私はよく講演で『甲南チケット』の事例を挙げながら、「魚のいない池で魚は釣れない」という意味で二つの池の話をして問いかける。

大きさも見た目も同じ池が二つあり、一方では釣り人がまったくいない池、もう一方では人がいっぱい釣っている池がある。もし自分が釣り人であったら、この二つの池のどちらを選ぶかという設問である。

釣り（商売）の経験がない人は、自信がないとか、競争相手がいないからといった理由で、人がいない池で釣り糸を垂れる。そして結局、一日かかっても魚を釣ることができない。しかし釣りのプロは、釣り人の多い池のほうで釣りをする。魚が圧倒的に多いことを知っているからだ。競争は激しくてもプロはプロなりに釣りあげる。そしてこの池なら素人も素人なりに釣りあげることができる。

商売もこれと全く同じことで、競争の厳しいところほどお客が多く、一等地ということになる。競争のない商売はそもそもお客が少なく、商売として成り立たないということなのだ。だから、できるだけ早く軌道に乗せるためにも、超一等地を狙うことが大切なポイントである。

どれほどニーズのある商売でも立地のよくない場所でやれば、同じ資金・労力・時間をかけても思うような利益はなかなか上がらない。これは商売のイロハとしての真実なのだが、「魚があまりいそうもない池」で釣りをする起業家があまりにも多いので、とくに強調しておきたいことである。

第4章
マネジメントとコンプライアンス

マネジメントとは広義の「人間学」であり、
コンプライアンスとは、
モラルと誇りを持った商人道である。

ドラッカーと渋沢栄一

㈱システムユニ代表取締役
岡田敏明

私は講演でよくドラッカーと渋沢栄一の話をします。

ドラッカーは亡くなる前に、日本人はもっと渋沢栄一に学ぶべきだと言い残しています。明治維新からの日本の歴史を学び直して欲しいというのがその遺言でした。

渋沢栄一を象徴する言葉は「論語とそろばん」でしょう。儲けるだけではだめで、儒教精神に基づく道徳精神が必要だと説いています。渋沢栄一は第一国立銀行をはじめ500余りの企業の創立に関わりました。大学の設立をはじめとする教育支援とともに、600以上の公共事業を推し進め、多くの福祉施設の設立、そして国際親善にも貢献しました。ある意味、奇跡のような人でした。

1931年11月11日に渋沢栄一が亡くなったとき、昭和天皇より弔意を賜っています。

「高ク志シテ、朝ニ立チ、遠ク慮リテ野ニ下リ、経済ニハ規画最モ先ンシ、社会ニハ施設極メテ多ク、教化ノ振興ニ資シ、国際ノ親善ニ務ム。畢生《ひっせい》（＝一生）公ニ奉シ、一貫誠ヲ推ス。洵ニ経済界ノ泰斗（尊敬される人）ニシテ、朝野ノ重望ヲ負ヒ、実ニ社会人ノ儀型（手本）ニシテ、内外ノ具瞻《ぐせん》（＝尊んで仰ぎ見る）ニ膺（アタ）レリ。遽ニ溘坊（コウボウ）ヲ聞ク、曷（イズクン）ソ軫悼（シントウ）ニ勝ヘン。宜ク使ヲ遣ハシ賻ヲ賜ヒ、以テ弔慰スヘシ。右御沙汰アラセラル」

というものです。約めていえば「大蔵省に勤めていて、野に下り、最初に経済を起こして、社会に多くの福祉施設をつくり、教育、国際親善に尽くした」というもので、この一文を持って渋沢栄一の功績を見ることができますが、栄一自身が書にも残した「士魂商才」という四文字が彼の一生を象徴していると思います。

「明治維新」はなぜ偉業なのか

ドラッカーは明治維新について「人類史上例にない偉業であり、明治維新の探求が、私のライフワークになった」と言っています。

「20世紀も終わりに近づいて、無数の独立国ができたが、それは全部日本のまねであった。これらの独立国の共通点は、全部自分たちで政治をやりたいということ、そして外国の優れた技術、制度、法律を入れようということであり、それは日本の明治維新のまねであった。だから、20世紀に本当に政治的に成功したのは日本だった」

私たちは日本の近現代史について、ドラッカーが言ったようなことを教えてもらっていません。そこに現代の不幸があると私は思います。

ドラッカーがみた明治は特別な時代でした。しかも桁外れに大きな意味を持つ時代でした。なぜなら明治こそが、『日本』という土台の上に『近代社会』を築くことができたからです。

ドラッカーは次のように述べています。

「私はこれまで、『世界史』を生み出してきたものは日本の明治維新だったと繰り返し言ってきました。それまでの歴史は西洋の歴史だった。そして、今日の『世界の経済』を生み出したものが、最近における経済大国としての日本の興隆だった」

「世界には、もうこれ以上の均質性はいらない。必要なのは、多様なモデル、多様な成功、多様な価値観である」

そして、明治維新について、特に渋沢栄一について学んでほしいというのがドラッカーからのメッセージです。

渋沢栄一は、次のような言葉を残しています。

「もし、一身に富まんとするごとき私心があるならば、維新の偉業もかくのごとくに遂げられなかったであろう」（渋沢栄一『処世の大道』）

ドラッカーは、渋沢栄一のこうした無私の精神を、「責任」という言葉でおきかえています。

「率直に言って私は、経営の『社会的責任』について論じた歴史人物の中で、かの偉大な明治を築いた偉大な人物の一人である渋沢栄一の右に出るものを知らない。彼は世界のだれよりも早く、経営の本質は『責任』にほかならないことを見ぬいていたのである」

つまり社会を壊すような経営はだめだ、ということです。どうでしょう。今や世界や日本でも社会を壊すようなマネジメントが横行しています。

「片手に算盤、片手に心意気」

ドラッカーは続けてこう説きます。

「日本は社会を中心にして成り立っている国だ。その土台がなくなれば、日本という国はなくなる。お互いに助け合う。お互いに話し合う。お互いに協力し合う。いい意味での、貧しくても分かち合う社会が日本の特色だ」

渋沢の根本の考え方は「富をなす根源は何かといえば、仁義道徳。正しい道徳の道がなければ、その富は完全に永続することはできない」というものです。

私も会社を経営していますので、綺麗事ばかり言っていたのでは経営は成り立ちません。そのことは日々痛感しています。利と理、そのバランスをとることが大変です。

昭和5年（1930年）の12月のこと、90歳の渋沢は風邪と熱のため寝込んでいました。そんな時、社会事業家たちが渋沢に面会を求めに来ました。

「年末の寒さと飢えで苦しんでいる人たちが20万人にも達しました。なのに、政府は予算の裏付けがないからと救穫活動をしてくれません。政府に働きかけてほしい」と言うのです。渋沢は家の者に命じて、大蔵大臣と内務大臣に面会を申し込み、自動車を用意させます。家族や主治医は身体を心配して引きとめようとしますが「もしこれがもとで私が死んでも、20万人の不幸な人が救われれば、本望じゃありませんか」と言い残しています。

今の事業家・経営者でこれが言える人がいるでしょうか？

現在、渋沢栄一のような人はなかなか見当たりません。そんなことを思っていると、たまたま「失敗学会」で鹿毛康司さん（元雪印／現エステー化学）に講演をお願いしました。その際、エステーの鈴木喬社長（現会長）との出会いの話を聞き、鈴木社長の本を読んで、やっとここに現代の渋沢栄一が1人いたということに気づきました。鈴木社長は「片手に算盤、片手に心意気、この2つがなければ会社は脆い」といいます。

先人が残した足跡をたどって、彼らに学び基本に立ち返ることが大事だと思います。歴史を学ぶというのではなく、その歴史を現在に活かすことが求められている。経営者も、学生も、政治家も歴史から学んで現在に活かすことが大事だということを、鈴木社長の本や講演から学びました。会社経営だけでなく人生そのものも、「片手にそろばん」だけでは必ず行き詰ります。無私の「士魂」、あるいは「責任」や「心意気」が重要なのです。これからも、このことを訴え続けていくのが私の一つの役割であり使命だと思っています。

■塾長講義録〈鉄則16〜19〉

⑯ マネジメントの力を磨け

企業経営の理論家として日本でも人気の高いピーター・ドラッカーは、「マネジメント」の発明者と言われている。

「ドラッカー・マネジメント」と呼ばれるその理論は、経営やビジネスにおける管理法といった狭義の意味から抜け出し、人間の成長や幸福にもかかわる人文科学的な学問として広義にとらえたところに斬新さがあった。つまりマネジメントは、「企業の維持・発展のための単なる経営管理」ではなく、「人間学である」とした点に、ドラッカーの発明があったというわけである。

近年、マネジメントという言葉は企業経営だけでなくいろいろな場面で使われているが、プロパティマネジメントと言う場合、プロパティ（資産）を管理運営するといった意味に限定されてくる。しかし経営マネジメントという場合、マーケティングやイノベーション、組織活性化、人材教育などすべて含めた経営全般のことになる。

トップマネジメントという言葉もあるように、経営者が近代経営の実現を目指すなら、ドラッカー流の広義なマネジメントでなければいけない。経営は総合的な創造活動であり、経営者自身が人間的成長をしながら「人間学」を身につけていく必要があるからだ。
私がここで語ろうと思うマネジメントは、「人間学」というほど広義の意味ではないが、プロパティに限定したものでもない。端的にいえば、事業をさらに伸ばしていくためのマネジメントの原理原則（鉄則）である。新規事業の立ち上げ、第二創業に向かうときにもマネジメントの鉄則がある。

⑰ 経営マネジメントは5つの鉄則にある

すぐれた経営者は難しい経営理論など知らなくても事業を伸ばしているが、その成功には必ず基本法則の裏付けがある。私は、自らの会社経営で実践してきたことを踏まえ、スクラップ＆ビルド16の鉄則」をさらにシンプルに五つの鉄則にまとめている。これがつまり私の経営マネジメント（キャッシュフロー経営）の鉄則である。

〈鉄則1〉　自己資本経営を目標にする
自己資本をコツコツ貯えて負債をつくらない。そのために質素倹約にはげむ。
〈鉄則2〉　常に余裕資金をもつ
20パーセントの余裕資金があれば、資金が回転しやすくなり何倍もの資金となる。

〈鉄則３〉　資金を眠らせない
資金・在庫の移動は夜（閉店）のうちに行え。
〈鉄則４〉　魚のいる池で釣る
魚のいない池ではいくらがんばっても釣れない。
〈鉄則５〉　売れ筋商品を回転させる
数パーセントの売れ筋商品で１００％の売上を上げる。

以上の五点を徹底追求していけば、必然的に資金回転率は高まり、余剰資金が生まれ、百パーセントの自己資本経営も可能になってくる。フリーキャッシュフローが増え続け、健全経営の好循環をつくり出していく。

頭で理解しても実践できなければ意味がない。理論上の法則を実践上の鉄則にしてこそ成功の道は拓ける。それを一つひとつ実現していくのが、経営者の情熱と手腕である。

⑱ 井原西鶴が説いた四つの商人道

最近でもベンチャー企業を起こそうという人なら、皆それなりの「才覚」は持っています。中には溢れんばかりの「才覚」の持ち主もいます。ところが才覚が走りすぎて失敗する例も多いのです。

井原西鶴が説いた「商人道」に、有名な四つの教えがあります。その一つが「才覚」ですが、起業で失敗する人は、残りの三つのどれかが欠けていると言わざるを得ないのです。知っている人も多いと思いますが、念のため、その四つを挙げてみます。

一、「始末」　凡人なら誰もがしたいことを徹底的に我慢し、節約すること。自己資金を稼ぐ正攻法として、まず始末が肝心。

二、「算用」　勘定や財政の収支尻を合わせ、採算をとること。「入るを計って出るを制する」のが商売の基本。

三、「才覚」　知恵や工夫をこらし、機敏に商機をつかむこと。資金の回転を高め、利幅を大きくすることが大切。

四、「信用」　正直な商法で約束を守り、お客や取引先の信用蓄積が何よりも大事。

私は、この標語をノートに挟んで常に持ち歩き、トイレの中にも貼って、ときおり反省しつつ眺めています。若さのエネルギーに満ちて才覚走った人は、この中のとくに「始末」が苦手で、その結果、経営上の「算用」もできなくなっている人が多いように思います。

才覚のある人は、借金で商売を始めることはできるけれど、結局それがつまずきの元になってしまいます。お金を貸してくれたときは、本当にありがたいと心底思います。しかし、自分が汗を流して稼いだお金は、借りたお金の何倍もの価値があり、その「ありがたみ」は雲泥の差です。第一、自分が汗してつくったお金は、どうして使うかということを考える執念が違います。だから商売を始めていくときは、まず第一に自己資金を貯めていくことが鉄則です。それをやっていかないと、不安定な経営がいつまでたっても安定しません。

資金を貯めるためには節約節約に心がけ、「入るを計って出るを制する」しかないのです。お金は貯めよう、貯めようとしても貯まりません。とにかく徹底して無駄なお金を使わず、モノを大切にする。この基本を忠実に実行することです。

私は、松下幸之助の「商売戦術十カ条」も頭に入れています。これは「店」「お客」「奉仕」「資金」「損益」という五つの項目を十カ条にまとめたものですが、私の経験則からしても心底納得することばかりです。

いくつかを挙げてみると、たとえば「店」については、「店の大小より場所の良否。場所の良否より商品が大切」とあります。また「商売は世のため人のための奉仕であり、利益はその当然の報酬である」と、「奉仕」の心を説いています。

「資金」については、「資金のなさを心配するな、信用の足りないことを心配せよ」とあり、それに続いて「資金の回転を多くせよ、百円の資本も十回転すれば千円となる」とあります。

商売の神様とまで言われた人の言葉ですから説得力があるのも当然ですが、最近のベンチャービジネスの傾向を見ていると、こうした商売の鉄則・法則を逸脱しているものが多いように思われます。

「資金のなさを心配するな」と言っていますが、その意味は運転資金がなくてもいいというわけではないわけです。始末・採算を計り堅実に商売していくことが「信用」につながるのだから、その努力の足りないことを反省せよということです。信用さえあればお金は回る。これは堅実に商売する人の実感です。

「資金の回転を多くせよ」というのもまさに商売の法則です。繰り返し述べてきたように、資金回転率を上げるためには、余裕資金を備えておくことが絶対条件です。

「損益」については、「常に今日の損益を考えよ。今日の損益を明らかにせずには寝につかぬ習慣とせよ」とまで言っています。

この言葉について私なりの解釈はこうです。商売をするからには儲けなければならない。商売には国境はないのだから、利益が上がらないというならそこから早く撤退して、次の戦略を実行しなさい、と。

商業界では、こうした商売の生きた実践道も学ぶわけですが、経営者も忙しくなるとつい原点を忘れがちになります。むしろ多忙なときこそゼミナールに参加して、商売の原点や自分を見直す機会をつくる必要があるのだろうと思います。

⑲「モラルと誇り」は普遍的な商人魂である。

志が高ければ高いほど、登る山は高い。商売人は信用と実績をコツコツと積み上げながら山頂を目指す。その途中にさまざまな誘惑があり、目先の利に走りたいこともあるかもしれない。あるいはコンプライアンスに反するビジネスの誘惑もあるかもしれない。そんなとき一つ選択を誤れば、険しいビジネスの崖を一気に転がり落ちることもある。

私も商売を始めたころに何度となく儲け話の誘惑にかられ、そちらにのめりそうな時もあった。しかし、どうにか目標とする道に逸れることなく来られたのは、「正しい商人道」を学んだからだと思う。

商売人として私の大きなバックボーンになっているのは、倉本長治先生（商業界・主幹）の商人道である。

第一創業のころの私は、経営理論で商売を考える傾向があり、経営の行き詰まりを感じていた。そんなとき、ある人との出会いをきっかけに『商業界』のゼミナールに行くようになり、「商人道」を叩きこまれたのだ。

昭和の石田梅岩とも言われる倉本先生の「商人要道」は、商売の哲学・倫理、すなわち「正しい商人道」であるばかりでなく、宇宙の摂理にあった生き方をしなければいけないという一種の人生哲学だ。戦後日本の創業者や経営者の多くはこの『商業界』で学び育ったといっても過言ではなく、とくに流通業界の経営者の大半は何らかの形でお世話になっているだろう。

仕事現場でも多くの先輩に学んできたが、やはり何と言っても私の精神的支えとなったのは倉本先生の教えだった。それを端的にいえば「モラルと誇り」であり、時代や社会がどんなに変わろうと普遍的な商人魂である。

第5章 ビジネスの付加価値とは何か

どんな商売でも、それが成り立つためには
付加価値が必要である。
お客がお金を払うのは、
そこに何らかの付加価値を認めるからだ。
経営者にはそれを敏感に察知する
人間的な感性が求められる。

「起業と知財」

志門特許商標事務所弁理士・中小企業診断士
下田佳男

弁理士という職業

「ケヤキ坂産業、松原です。」

「弁理士の下田です。お世話になります。沢木社長、お願いします。」

「……もう一度、お名前をお願いします。」

「弁理士の下田です。」

「……お待ちください。」


電話の向こうで、「社長、便利屋さんから電話ですけど」と取り次ぐ会話が聞こえます。「便利屋さん」じゃなくて、「弁理士」なんですけど、トホホ。

作り話ではありません。よくあるわけではありませんが、時折こんな電話のやりとりに出くわします。残念ながら、弁理士は、弁護士さんや税理士さんのようにテレビでＰＲすることもありませんし、ドラマに登場することもなく、そもそも一般の方々と関わる機会もほとんどありません。勉強会等に参加して、名刺交換した際に「弁理士という職業の方に出会ったのは、人生で初めて」とおっしゃった会社の経営者も少なくありません。弁理士は、主に特許や商標を特許庁に出願して権利化する仕事をするのですが、残念ながら知名度が低いです。私は経営コンサルタントでもあり、経営の助言や支援をする立場にありますので、冒頭の電話の「便利屋」のくだりもそう思えば、まんざら間違っているわけではないかもしれません。

起業

弁理士資格を得た前後、私は、中小企業診断士として、公的経営支援機関で４年間、経営窓口相談を担当しました。年間１５０社から２００社程度の経営相談のうち、創業や起業の相談が１割くらいあったと思います。また、オーダーメイド創業塾を担当し、多くの方々に受講いただきました。

ここで、起業とは、「自分の将来に向けてのビジネスの夢を実現するために、新たにビジネスを始めること」と定義しておきましょう。起業したいと思いつく機会は、それぞれの置かれている環境によって異なると思います。学生ベンチャーの場合は、学生時代に学んだことを既存の企業で生かすよりも、自分の思いで実現したいと考え、若さを前面に出してチャレンジすることになります。現在勤務している企業を飛び出し、新たな事業を起業する場合は、自分の思いが現在の企業では生かせず、自分の意思でその実現に向けて起業することになるでしょう。また、主婦が、家庭内で子育て等の一区切りのときに、改めて自分の描いた夢を実現したいと考え起業することもありましょう。

しかし、起業したからといって、成功するとは限りません。起業時には思ってもみない諸事情に遭遇しても、決して後戻りはできないのです。すべて、起業者が自分で責任をとらなければなりません。したがって、「自分が本当にやりたいこと」を強く確認した上で起業することが大切です。

経営を成功に導く五つのポイント

せっかく起業したわけですから、ビジネスを成功させたいですね。成功には五つのポイントがあるといわれます。第一のポイントは、「行動」です。その行動が、限られた時間、経営、資源の中でいかに効率的に行えるかは重要です。これが意外とできないんです。

経営環境は、本人の考えていることとは別の次元で変化していきます。ときには、つらくて事業を継続していくことがいやになることもあるでしょう。そのようなときに支えになるのが、第二のポイント「経営理念・事業目的」です。本人の好きなこと、熱き思いがにじみ出た経営理念・事業目的だからこそ、つらくても困難を乗り越えてやりぬこうという気持ちになります。

また、経営環境の変化に適応できるか否かもポイントになります。そのために、社内のマニュアルづくりや、取引先とのデータ交換等が円滑に行える「経営システム」を確立すること（第三のポイント）も重要です。そして、そのシステムが変化に柔軟に適応できるようにするために「情報力や人脈の強化（第四のポイント）」が必要になります。状況は日々進展します。当然、「経営者としての力量を常にレベルアップ（第五のポイント）」しなければならないことはいうまでもありません。

事業の目的と知財

前述した五つのポイントのうち、知財との関係で密接なものは「事業の目的」です。「事業の目的」の設定に当たっては、さまざまな動機や条件等を考えながら具体的に整理してみることが重要です。例えば、「商品／サービスは何か、どこに優位性があるか」、「市場は発展性があるか、自分が想定する顧客は確保できるか、競合他社との競争に勝ち続けていけるか」、「ビジネス遂行に必要なパートナーは確保できるか、仕入先、販売先等の協力は得られるか」、「資金は問題ないか、資金調達方法は具体的にイメージできるか」等一つ一つ細かく整理してみることです。この事業の目的は、その時々の経営環境の変化に適応させて変えていっても構わないと思いますが、この「事業の目的」を考えるとき、特許や商標等の知的財産戦略も併せて、検討していただきたいのです。

事業をしている経営者のほとんどは、自身の商品やサービスが売れる、うまくいくはずと思っていると思います。思わないとすれば、それはビジネスではなくて、道楽や趣味ということですね。事業が上手くいかないとしたら、利益を上げることができず、赤字です。赤字が続けば、事業の継続がどこかで難しくなります。ですから、起業においても、やはり儲かるように事業をしていかなければなりません。

売れるとマネされるのが、世の常です。逆に、売れないものは、誰も見向きもしません。売れないものをマネしてもしょうがないですから。マネされるとどうなりますか。最初は売れていても、市場に似たような商品やサービスが出現すると、自身の商品と他社の商品に違いがなくなって、価格の安い方に軍配が上がります。そうすると、大量に安価で製造できて大量に販売できる大きな会社ほど有利ということになります。新進気鋭の起業家にしてみれば、こういった理不尽な他者の模倣を防がなければ、未来はありません。では、どうしたらいいでしょうか。

現在のように、変化に対応する速度が求められる時代にあって、企業や個人事業主は、競争の中でどう戦って（攻守）いかなければならないか、起業の段階で明確に意識しておく必要があります。

事例1

事例を紹介しましょう。商標です。

食品製造販売業を営むＡさん。業績は下降気味ですが、ある人気の商品があって赤字にならずにすんでいました。商品名は、15年前に考えたものを使用しているのですが、特に商標登録をしませんでした。いつもどおりのある日、Ａさんのもとに一通の郵送物が届きました。内容証明付き郵便物で警告書と書いてあります。内容は、その人気商品のネーミングが、有名な大手企業の商標権を侵害しているというのです。大手企業の商標登録は数年前です。さて、この案件、どうなると思いますか？

Ａさんは、私のところに血相を変えて飛んでこられました。第三者が、正当な権利や正当な理由なく、登録商標と同一又は類似の商標を、登録した指定商品等と同一又は類似の商品等に使用すると、商標権侵害が成立します。商標権侵害が成立しますと、厄介なことに、商標の使用がもはやできなくなったり、損害賠償を請求されたりします。Ａさんの案件を精査しますと、大手企業の登録商標と、Ａさんの商品名は同一でした。また、大手企業が商標登録している指定商品の一部と、Ａさんの商品は同じでした。したがって、Ａさんが現在の商品名で人気商品を売ると商標権侵害になることがはっきりしました。Ａさんは怯えた顔をしながら、どうしたらよいか、尋ねました。今回の場合、いくつかの対処方法があるのですが、第一は商品名の変更です。商品名が登録商標と同一または類似でなければ、商標権侵害は解消します。ただし、過去の損害賠償を請求された場合は賠償金を払わなければなりません。第二は、この大手企業に商品名の使用許諾（ライセンス）をしてもらうべく交渉することです。この場合、決まった使用許諾料を大手企業に支払う必要があります。もっとも、大手企業が使用を認めてくれた場合ですが。どちらにしても、15年前からこの商品名を使っているAさんからすると、納得いかないでしょうね。

ところで、Aさんの商品は人気商品とのことでした。そうすると、A社の商品名の使用の方が、大手企業の商標登録出願よりも前からですので、一定の条件を満たせば、A社に「先使用権」が生じて、そのままA社は自分の商品名を継続使用できることがあります。

そこで、この人気商品の人気の度合いがどの程度か調べたところ、ネーミングがAさんの会社の商品を表示するものとして、Aさんの会社所在地の隣接府県ではかなり有名ということがわかりました。本件では、先使用権を主張した回答により、事なきを得ました。

いずれにしても、このような警告書が届いた場合は、まず冷静になって、信頼できる専門家に相談することです。専門家とは、弁理士か、知的財産に詳しい弁護士ということになるでしょう。

もう一つ、商標の事例を簡単に紹介します。私の特許事務所の案件ではなく、クライアントのB社の社長から聞いた話です。一部上場のX社は社名を自社の商品名に統一し、対外的に大々的な告知をして変更しました。しばらくして、B社の社長は、X社のその社名が自分の登録商標と同一のネーミングであることに気づきます。また、X社の製品とも同一の商品分野で、そのネーミングの製品を製造販売しています。B社の社長は特許事務所に相談し、X社と協議が始まったそうです。結果はどうなったと思いますか？この登録商標をX社に売ったそうです。なんと、2億円で。羨ましいですねえ！

事例2

次に、特許戦略について、二つの事例を紹介したいと思います。

はじめに、オーソドックスな事例からです。企業C社は、最終製品のサイズに切断加工された素材部品をクライアントに納品し、このクライアントはその素材部品を他の部品に組みつけて最終製品を製造していました。しかし、機能向上による差別化の限界、世界的な競争の激化や過剰供給、新興国企業の台頭、分析技術の高度化による自社製品開発技術に他者が追いつく期間の短縮など、C社の社長は、素材部品の販売というビジネスモデルが成り立たないことを感じていました。そこで、最終製品のサイズに切断される前の状態の素材部品をクライアントの工場に持ち込み、自社開発の製造装置により素材部品の切断と他の部品への組みつけを同時に行うビジネスモデルを構築したのです。さらに、競合他社の模倣を防止するため、新規開発した製造装置等に関する特許を網羅的に取得して、必要な特許網を構築しました。結果として、新たなビジネスモデルの構築により、他社の追随を許さない、検査効率の向上、梱包や輸送の手間の削減、素材部品の廃棄ロスの低減が図られました。

次に、技術、デザイン、ブランドによる競争力強化を実現した事例を紹介します。企業D社は、発注元企業のブランドで販売する普及品を製造していました。しかし、世界的な競争の激化による供給過剰と技術の成熟化により、機能面での差別化が困難となり、価格競争に巻き込まれることになります。そこで、自社の既存技術に、外部デザイナーの知見と他社の技術的知見とを融合させた開発を開始し、新製品を生みだし自社ブランドの販売という新しいビジネスを立ち上げました。そして、デザイン的にも特徴のある新製品を保護するため、特許権だけでなく、意匠権も取得、さらに新ブランド名についても商標登録を行う等、特許、意匠、商標を組み合わせた保護により競争力強化を実現しました。

創業時の知財検討

このように、模倣品から自社製品を守るためには権利化（特許権、意匠権、商標権）が有効です。では、起業した時点ではどのような知的財産戦略が必要なのでしょうか。

企業の発展段階を「創業期」、「成長期」、「成熟期」に分けて考えますと、その時期に応じた知財戦略の焦点が変わります。特に、今回のテーマである起業、すなわち「創業期」におきまして、検討すべき焦点は、発明の創造や基本特許の取得等となるでしょう。

積極的な知財経営を考えてない場合でも、最低限の手当てを検討すべきです。例えば、業界の1社から権利侵害の警告を受けるような場合です。安心して事業を実施するためには、対抗措置が必要です。特許を取得する意向がないならば、他社の出願前から同じ技術を使って事業をしていたことを明らかに示す「先使用権」の証明の準備をしておくことが重要です。

まとめ

創業時からしばらくの間は、余力がなく、現状でいっぱいいっぱいになりがちです。気付いたときには、すでに競争力を失っている、というケースも少なくありません。常に、創業時の熱き思いを持続させ、自らの強みを磨き続けると同時に経営者としての力量をアップさせていかなければなりません。起業家は、自社（自分）のどこが強くて、どこを補完してもらったらよいのかを認識し、「強み」をより強くしていくことが大切です。しかしながら、本人特有の「柔軟性、洞察力、直観力、決断力、行動力、創造力」や「信頼度、誠実さ」は、理由のいかんを問わず、自分の責任で磨きをかけなければなりません。顧客ニーズの変化、競合他社からの新商品／代替商品の発売や技術の進展等、経営環境は激しく変化します。このような経営環境の変化に適応させて的確な行動がとれるよう、「経営者の力量」をアップさせながら、併せて知財戦略を絡めた成功の道を歩み続けていただきたいと思います。

【参考文献】
『中小企業・ベンチャー企業　知的財産戦略マニュアル』２００８年　特許庁
『特許行政年次報告書２０１５年版～１３０年の産業発展を支えてきた産業財産権制度』特許庁
『無形の強み」の活かし方―中小企業と地域産業の知的資産マネジメント』
中森孝文著　経済産業調査会
『商標ブランディング』２０１０年　上村英樹著　日刊工業新聞社

◆　◆　◆

下田　佳男　（しもだ　よしお）
志門特許商標事務所　弁理士、中小企業診断士。
主な専門領域は、知的財産、マーケティング、アグリビジネス。
「アグリビジネスと知的財産に強い経営コンサルタントで、経営のわかる弁理士」として活動。日米の民間企業に約20年間勤務した後、米国にてＭＢＡ取得。平成14年4月、経営コンサルタント（中小企業診断士）として独立開業、平成22年に特許事務所開業。経営コンサルタント・弁理士として、主に中小企業、ベンチャー企業に経営全般、知的財産に関する助言・支援を行う。農業経営に関する支援は17年間に及ぶ。また、平成22年より、兵庫県立大学大学院経営研究科にて、マーケティングの教鞭をとる（客員教授）。

■塾長講義録〈鉄則20～22〉

⑳人間的な感性が事業を発展させる。

どんな商売でも、それが成り立つためには何らかの「付加価値」が必要である。他と比較して値段の安さ、便利さ、サービスの良さ、心地よさ、高級感などいろいろある。

たとえば都心部の商業地は、大勢の人が集まるという立地の付加価値によって、土地の値段が何百倍、何千倍にも跳ね上がる。住宅地の場合、同じような建物であっても、そこに誰が住むかによって価値が大きく違ってくる。その事実を人種差別意識の強いアメリカ視察でも改めて痛感させられた。

このことは不動産ビルのプロパティマネジメントの経験からも言える。ビルの入居者の業種がばらばらであるよりも、弁護士や会計士が集まったビル、業種は違っても関連性のある業種が集まったビルは、ある種のステータスをもった付加価値が高まる。

感動や喜びという付加価値のビジネスもある。人は美味しい料理を食べたら、喜んだり、感動したりする。音楽や演劇、スポーツなども、人は感動を求めてお金を払う。いずれにしても、お客がお金を払うのはそこに何らかの付加価値を認めるからだ。

だから経営者は、こうした付加価値というものを敏感に察知する感性を日頃から磨いておく必要がある。いくら優れたビジネスモデルや新商品をつくったところで、経営者に人間的な感性が根底にないと事業は大きく発展しない。

ニット機械メーカーの島精機製作所が世界のトップ企業になったのも、島正博社長が一人の人間として魅力があり、優れた感性の持ち主でもあるからだ。それを一言でいえば、創業者の「人間力」ということになる。歴史的な事業家はむろんのこと、いろいろな創業社長と身近に接すると、私はいつもそのことを実感する。

㉑ ブランドの確立で立場が逆転する

私は第二創業で五つのテーマを同時に追求していった。そして、事業を大きく成長させるためには、「①のれん借り商売から自社ブランド」の確立が第一と考え、服のリフォームショップ『私のお針箱』を出店した。これが、甲南グループとして最初にできた自社ブランドである。

「②足し算商売から掛け算商売」

固定費のかからない小さな商売でも必ず利益が上がるもので、その店舗を数多く展開できる(掛け算)商売だ。これは甲南グループの第二のブランドとなったチケット販売の店『甲南チケット』が該当する。

「④じっとしていてもお客に来ていただくような商売」
出ていく商売は経費がかかる。店を開いたらお客が並んでくれる商売、それこそが商売の醍醐味である。『甲南チケット』はまさにそんな店としてチェーン展開し、『私のお針箱』もこれに該当する商売である。

私は、自社ブランドの確立を一番のテーマにして二つの商売を同時進行させたわけだが、『甲南チケット』も『私のお針箱』も五年ほどでブランドを確立した。

自社ブランドが確立したときからビジネスの展開は大きく変わる。売り手市場から買い手市場になるからだ。そうなると、こちらから「出店依頼」をするのではない、先方から「出店要請」が来るようになる。そして相手側が取引条件を出すのではなく、こちらが有利な取引条件を提示できる、というように立場が逆転する。

同じ商売をするのでもブランド力があるのとないのでは雲泥の差が開く。だから事業を大きく伸ばしていこうと思うなら、戦略に基づくビジネスモデルをつくるとともに、ブランドの確立を目指すことが大切である。（注：③と⑤は省略）

㉒ 厳しい競争が商売人を成長させる。

独立起業する人のなかには、「何とか食っていければそれで満足」という人もいるだろう。そのことに私はとやかく言う気はない。しかしビジネスで少年の大志や夢を実現しようと思うのなら、厳しい競争のなかへ飛び込んでいかなくてはいけない。

魚のいる池では、プロはプロ並みに、素人は素人なりに魚が釣れる。しかし魚のいない池では当然、プロでさえ魚は釣れないのだ。魚のたくさんいる池、すなわち一等地にはプロたちの激しい競争が待っている。独立したばかりで信用も資金もないからといって競争を避けていたら、大きな発展はのぞめない。資金がないから一等地に出店できないというのは、真剣に探していないだけのことだ。最初から超一等地がだめなら次のランクの立地を探さなくてはいけない。

商売というものは一等地であろうが二等地であろうが、やることは同じである。家賃が高いか安いかの違いだけで総コストは同じくらいかかってしまう。一等地の売上高は、二等地の何倍もあるから利益は何倍にもなる。結果的に売上コストは低くなり、利益が上がる。厳しい競争にもまれて商売のコツも覚え、成功すればブランド力もついていく。

ビジネスは常に「攻めの姿勢」が基本である。一等地を選ぶことは、利益を高めるだけでなく、厳しい競争にもまれることで商売人としての成長にもつながる。競争の激しいところで商売を続けていると人との出会いも多く、次のビジネス展開にも有益な生きた情報が集まってくる。そして人との出会いから新たなビジネスチャンスも生まれる。競争があるから知恵が生まれ、ヒット商品も生まれるのだ。どんな商売・分野を見回してもわかることだが、事業を大きく発展させるのは、激しい競争の渦へ飛びこんでいく創業者の情熱と行動力なのである。

第6章

お客様に信頼されることが「商人道」である

自分の商売に情熱と誇りをもっている商売人は、
お客の立場からみて信頼できる。
お客の利を先に考え、
商品を売る前に信頼を売る。
それが商人道の基本である。

最高の広告宣伝は、女性の〝口コミ力〟

中小企業診断士
村上　顕

はじめに

顧客第一主義というのは、どの企業でも目指すところですが、問題はそれがどれほど徹底されているかです。

顧客をいかにシステム的に管理するか、すなわち顧客管理（組織化）することが最高の広告宣伝になります。そのためには、商品やサービスのファンにまずなってもらう必要があります。そして、無償で口コミの宣伝をしてもらうわけです。当然のことながら、商品やサービスには、それら自体の品質の良さが求められます。高くても品質のよいものを、サービス（割安感を覚えてもらえるような品質）を提供するほうがファンにはなっていただきやすい。それに加えて、商品やサービスのストーリーが必要です。その商品やサービスが生まれた過程、それを使用して感動した話などです。これらが一体になって、お客様をファンにすることができます。これが口コミ

ＰＲをより効果的にする顧客管理の大前提です。

お客様の組織化とは？

お客様を戦略・戦術的に管理（組織化）する、つまり戦力にすることは、これからの商売をしていく上では、非常に重要なことになると思われます。簡単に言うと、商品やサービスへのファンを作り、そのファンが自身の友人、親兄弟等へ無償の広告をしてくれるということです。いわゆる口コミというものです。

ツイッター、ライン、インスタグラム等のＳＮＳでの口コミが今は非常に大きな広告になっています。自分が気に入ったモノやサービスは、何の見返りもなく、心からいいよという紹介をしてくれるのです。今では、ＳＮＳという武器があるのですが、口コミはＩＴがない時代、遠い昔からありました。ＩＴを使うか、直接口で言うかは方法の問題であって、ようするに「いいよ。これ」といって、知り合いに心から勧めるという気持ちは、今も昔も同じです。

特に、女性がしゃべってくれる口コミは、威力を発揮します。これは、すなわち、お客様が販売している側と同じ方向を向いてくれることを意味しています。いわゆる雇用関係に代表されるような利害関係のある中での組織化ではなく、ボランティア的な組織というか、各自はばらばらですが、結果として、モノやサービスの提供者にとっては、組織の一員としての役割を担ってくれているということなのです。

ＩＴが進んだ現在では、ＳＮＳにより今までの口コミという概念が変わりました。若い人に限らずスマートフォンは様々な情報の収集源となっています。そして、毎月それなりの料金を支払っています。その影響もあり、新聞やテレビを見る人は急速に減少しております。広告を新聞に出したり、テレビで行ったりすると、コストは莫大ですが、必ずや販売にいい影響をもたらしてきていたはずです。しかし、今のような世の中では、日本に関して言えば、その２つのメディアに関しては、広告宣伝効果がかなり落ちているものと推測されます。それが証拠に、パソコンやスマートフォンの中にでてくるさまざまな広告は、その機器をもっている、使っている人、一人一人にあわせた広告を打てて、なおかつコストは非常に低くて済みます。テレビや新聞ではこうはいきません。

当然、企業の側でもＩＴの広告を選択します。生まれたばかりの小さな企業ならなおさらでしょう。また、日本の片田舎の農村に感動した海外の方が、ＳＮＳで動画や写真を配信します。すると、その友人や関係者から次々と情報が拡散し、日本人でも知らないようなところに、観光客としておとずれてくれるような時代です。組織化という点では、日本人のみならず、海外の方々までもが組織に入ってくれる、宣伝してくれるという世の中なのです。目には見えませんが、まさしく会社の宣伝組織といえるのではないでしょうか。

なぜ、そのようなことが重要なのか？

私の携わっていた化粧品の会社は、いわゆる訪問販売の会社でした。今は、特定商取引法（以下特商法という）により、平成24年の法改正により訪問販売（以下訪販という）というビジネスモデルはメインのルートからは消えてしまいました。しかし、この訪販のできていた時代には、我々の会社は、お客様の組織化により、成長を遂げることができました。

そのころ訪販の化粧品会社といえば、P社、M社、O社などがありました。いずれの会社も訪問販売つまり、飛び込みや紹介で必ずしも友人関係や知人関係にない人に対して、果敢に販売攻勢をかけていました。それは、すばらしい販売力で、さすがプロという女性がたくさんそろっておりました。私も話をさせていただいたのですが、本当に人間的にも素敵な方々が多かったと思います。しかし、このような方々を獲得、育成するには、時間と労力がかかります。もちろん資金的にも大変な投資でしょう。

私のいた会社は、後発であり、とてもそのような女性たちを獲得し、育成するだけの労力や時間、資金はありませんでした。しかし、これらの方々を凌駕する売上のとれる販売員を獲得したのです。そして、きわめて短時間にこれら優秀な方々を擁する訪販化粧品会社の売上に迫ることができました。この原動力こそ、普通の主婦なのです。ただ、条件がありました。経産婦であることと子供さんが小さいということです。そして、なにより、私のいた会社の商品の大ファンであったということがあります。当時は、化粧品で訴訟事件が相次ぎました。石油系の原料を使用した化粧品により顔面が黒くなってしまった事例です。

こういうことから、私のいた会社では、人間の皮膚から出る天然の脂と同じ成分で、なおかつ皮膚の上で腐敗しにくい化粧品に仕上げ、肌に優しく作用することでどんな肌質や年齢のかたでも安心してお使いになれたのです。これに感動していただいていたファンの女性で、まだ、子供さんが小さい経産婦の女性たちが持っていた潜在力たるや、それはそれは、凄まじいものがありました。労力がかからず、時間がかからず、資金がかからないという中から戦力を確保していくことが、これによりできたわけです。

なぜ、戦力は、女性だったのか?

当時、高度経済成長時代の終盤戦でした。当然ながら、就職の中心は「男性」であり、「女性」は、二の次という時代でありました。大企業は、いい男を採用します。しかし、中小企業にはいい男は来ないのです。そんなときにも、男性をさがしていたら、私のいた会社は伸びなかったでしょう。発想を変え、女性に目を向けると、一流大学をでて、家庭にいる主婦はゴロゴロしており、現場の力になってくれたと同時に、会社の採用も女性をもとめると、いい人材がいとも簡単に採用できたのです。男女平等で、賃金や待遇に一切区別がありませんでした。いまでこそ、当たり前のような話ですが、40年以上前にこのようなことを実行に移していた会社は、ほぼゼロでした。つまり、度胸がある女性という戦力をいち早く組織化して販売員を育成したのです。会社のスタッフも同様に確保し、現場の育成に戦力化しました。

雇用関係はない完全な商売として副業でもよし、本業でもよし、自分の分を買うだけでもいいわけですね、極論すると。ここで、主として戦力となっていたのが「口コミ」というものなのです。自分が商品のファンとなり、心から人に勧めるという素直な気持ちから商品を勧めてくれました。そして大事なことは、質より数ということなのです。一人一人は小さくても、固まればものすごい力です。また、一握りの優秀な人材しかいなければ、その人が抜けると大きな穴ができてしまいます。それに対し、数で勝負すると、一人や二人抜けてもどうということはないわけです。

爆発的に販売できたのはそのような理由がありました。また、彼女たちの中には、商売のセンスがある人も多く、その方たちは、本業として化粧品の販売をし、ご主人の稼ぎを上回る方もいらっしゃいました。その原動力はいったいどこから来るのでしょうか？　それは、子供さんたちをいい学校へ進学させるという目標、いい一戸建てのお家を買うという目標、家族で海外旅行を楽しみたいという目標など各自もっていたのです。それを実現するために、自分の空いた時間で仕事をしていました。就職では、実現できなかったことが商売としての化粧品販売を通じて実現できたのです。

「母は強し」と昔から言われているように、経産婦というのは、度胸があります。男性では、とても耐えられないといわれるお産を何度か経験しているのです。肝が据わります。また、高学歴ですから、いろんな交友関係もあるし、勉強もしていく意欲には事欠かないのでした。こういった女性たちの夢の実現と会社の発展とが、両輪となったということです。まったく、雇用関係がなく、命令できない立場でありながら、会社は彼女たちとタッグを組んで、目標を達成してきたのです。私たちは、奥様のがんばりをささえ、応援してくださるご主人さまたちにも感謝の気持ちをもっておりました。ご家族の理解なくしては、奥様の仕事はできなかったと思います。最初のうちはいいのですが、販売金額が伸びてくれれば、人を介しての販売が増加し、個人の販売員から会社組織への転換なども多数あったのです。そうなれば、もはや主婦業の域はこえ、事業の域に入っています。このように、お客様を、女性をファンにし、そこから、応援団へ、そして販売組織へと順番に会社と同化していってもらえたということであります。

商売は下りのエレベーターにのって上に駆け上がるようなもの

商売は、そうはいっても生き物です。そのままで維持しようとすれば、いつまでも、続きません。たとえるなら、下りのエレベーターを駆け上がるような感じで、毎日を過ごさなければ、沈む一方です。これが、急な数字の変化であればすぐに気が付きます。しかし、ゆるやかに下がるのが通常ですので、まったく気づかないうちに、絶頂期の半分まで下がったなどということはよくある話なのです。ゆでガエルの話とよく似ていますね。どんな商売でも、常時姿を変え、商品を変え、お客様を変え、追加して維持向上をはかります。それでやっと現状維持といったところです。もっと上がるには、さらに強く前進する力がなければいけないのです。特に、商売が軌道に乗り始めたころは上昇が可能ですが、成熟した時こそ危ないのです。ここで、いい意味での危機感を打ち出せるかどうかで、その先が大きく変わってしまうのです。

高度経済成長期に起業した方には、意外とそのようなダウンを経験した方が多くいらっしゃったのではないでしょうか。私の経験でも、同じです。その時期に起業し、成功し、気づかないうちに没落した人を何人見てきたでしょうか。バブル期までは何も特別なことをしなくてもモノが売れ、サービスが利用されていました。努力は、今ほど必要なく商売ができたいい時期でした。この時期に、起業した方は、苦労がやはり少なくて成功しているので、変な成功体験に変な自信を持ってしまった方がいらっしゃったのです。そういう方が、その後の平成大不況を乗り切れるか？というとおのずと結果はわかるところです。ですから、どんなときでも、常に走り、変化し、時代に合うようにできた会社のみが生き残りました。

私が、長年にわたり、経営コンサルティングをしてきた中には、このようなタイミングで商売に入り、偶然だけで成長し、必然的に沈んだ経営者が数多くおられました。こういった方々から、債権を回収していくには、再建して返せるようになっていただくか、廃業、破産などにより、けじめをつけていただくしかありません。私の場合は、主として再建を手がけましたが、残念ながら廃業せざるを得ない方もおられました。M&A等で事業を売却してもらって、債権を回収したこともありました。こうならないようにしなければいけません。

法律の大きな改正（改悪）が業界をつぶしたり、大きく変化させたりすることがあります。これも、大変恐ろしいことです。私の経験では、訪問販売というビジネスモデルが、特商法の改正により、事実上、なくなってしまったことがありました。これは、大変な事態です。訪問して販売することが、善から悪へ変わった瞬間でした。これによって、たくさんの企業が廃業したり、業態転換を迫られたりしたのではないでしょうか。私のいた業界でも同じことになりました。化粧品業界では、販路が、制度品ルート、一般品ルート、訪販ルート、通販ルートと4つに大きく分かれていました。バブル崩壊後、この垣根がさがり、だんだん区別がなくなりつつありましたので、一気につぶれることがなかったのです。もし、垣根を超えるようなことをせず、そのまま訪販だけに集中していたら、訪販ルートの化粧品メーカーはなくなっていたのではないでしょうか。

医薬品の販売業界もそうです。薬事に関する法律が新しくなり、薬剤師のみならず、登録販売者も薬を販売できるようになりました。これにより、ドラッグストアはじめ、店売りの薬屋さんは潤ったわけですが、富山の置き薬といわれる配置販売業者には、大変厳しい状況がやってきました。家庭訪問をする配置員にいちいち登録販売者の合格をめざしてもらうことがもとめられるようになってしまいました。これも、若い企業化した会社はいいのですが、ベテランが営む卸売業や一人で販売するいわゆる帖主という個人業者は、事実上、業の継続ができないことになりました。後継がいなくなっていることに拍車がかかった格好です。このように、法律の変更や改正も場合によっては、業界や個店の売上の確保、事業の継続に致命的な事態を招きうるということが言えます。常時、いかなる場合にも変化に備える体質を身につけておかなければ恐竜のように絶滅するのです。

氷の上をノーマルタイヤで走っていないか？

皆さんは、雪国の冬に車を走らせる、雪道走行の体験をお持ちでしょうか？　雪は、降り始めは全く問題なく走行可能です。しかし雪国では、あっという間に雪が積もり、真っ白の世界が周りを包みます。これが、一晩立つとどうでしょう。道路は、雪が氷に変わります。その上に、さらに雪が積もります。アイスバーンですね。この上を車が走っているのです。この場合、大切なことは、ノーマルタイヤをスタッドレスタイヤに履き替えるということなのです。そして、ギアを一段高くして、ゆっくりスタートすることが大切ですね。必死で踏み込んでも前には進まず、空回転を繰り返すばかりです。必死に走ったにもかかわらず、１ｍも進んでいない状況がそこにはあるはずです。ピンチや困難を前にした場合、そこであせらず、しっかりと自分の足で、地面を確認し、地面を噛むように歩かねばなりません。それが、経営というものなのです。ノルマに追われ、できもしないことを気合と根性でやっても、前には全く進まないということです。

基本に返って、地に足をつけること。これが、商売では実に大切だと思います。プロ野球の一流選手でも、スランプという不振の続く時期があります。このとき、何をするか？　基礎練習ですね。応用より、基礎練習を原点に立ち返って行うことで、もとの姿を取り戻します。応用問題をさらに解こうとしても、解けないし、よけい自信をなくしてしまうのではないでしょうか。氷の上は、スタッドレスタイヤをはきましょう。

女性に好かれる商売でないと伸びていかない

世の中には男性と女性とがいます。では、財布のひもはどちらが握っているでしょうか？　自動車販売の営業が言っていました。旦那さんが、選んだ色の車を、奥さんに言うと、必ず、奥さんの反対にあって、別の色に変わると。これは、家でも同じです。家族で使用する機械や道具なんかのデザインや色は、だれが最終的に決めていますか？　おそらく大半の家庭では奥様や娘さんたちではないでしょうか？　お菓子でも、女の子がおいしいといって、ＳＮＳで拡散した場合は、とんでもなく販売が伸びるのです。これは、昔からそうですが、百貨店を見てください。ほかの店舗でも構いません。いったい、男性モノの販売スペースがどれだけありますか？　10Ｆの百貨店であれば、1、2階くらいあればいいほうではないでしょうか？　大半は、女性をターゲットとした売り場です。男性モノでも、女性が購入するため、女性に人気のあるモノを用意しておかないと売れません。もちろん、世代の違いはありますね。20代〜50代、60代では商品の興味は変わるでしょう。でも、女性がメインターゲットということは変化していないはずです。

これからも、女性の興味関心を引き付けられないモノやサービスは伸びることはないといえましょう。特に、女性が男性と同じく仕事をもち、男性の付き人のような仕事から、メインの仕事への進出がめざましい昨今、特に女性の購買意欲や購買力の拡大は、いわなくても想像できるというものです。２０１７年3月時点では、Ｅコマースのベスト3を見ると、18歳以上の男女でスマートフォンを使用して買い物した数字を追った結果がでていました。アマゾン「男９・女８」、楽天「男７・女10」、メルカリ「男４・女７」となっていて、若い世代でも女性のほうがシェアが高いことがわかります。この先も、女性を中心にモノやサービスの開発は進んでいくのでしょう。少なくとも、女性が気に入らないモノやサービスは伸びないことは確かだと思います。このように、女性をメインターゲットとして商売がなされるわけですが、大事なことは、気に入ってもらって終わることはないということです。そこから、口コミでの宣伝が始まります。無償です。早いです。海外へもすぐに拡散していくのです。ただ、逆もしかりということをよく理解しておく必要があります。女性に気に入られないというより、嫌われたり敵に回すようなことをすると、売れていたものまで売れなくなってしまいます。

コンプライアンス

女性から嫌われるということは、破局を呼ぶリスクがあると述べました。当然、男性からも嫌われないほうがいいのですが、女性に嫌われると、他の人にまで評判の悪さが伝播するからやっかいです。いい時の逆で、相乗効果で悪化していくのです。コンプライアンスという言葉を近年はよく耳にするようになっています。順法ということです。一昔前は、あえて守らないと公言するような企業も小さいところではありました。しかし、今、それをしてしまうととんでもないことになってしまいます。販売方法しかりですが、ほかのことによる悪影響もはかり知れません。例えば、ブラック企業のレッテル。売上はよくても、労働基準法が守られず、社員がこき使われているような会社。食中毒を出してしまった会社。また、最近特に目立つのが、偽装工作というものです。データの改ざんが巨大企業で次々と発覚しました。耐震偽装や食の安全を脅かす、賞味期限の偽りなどもその例に入ります。ここまで大きくないことでも、販売員の態度が悪いとかの変な評判も意外と悪いほうに影響します。男性は、意外と気にしないケースが多い中、女性はこういうのは毛嫌いし、感情で拒否反応を示すことが多くあります。こうなると商売は厳しくならざるを得ないということになります。大きく、体力のある会社は耐えられるのですが、小さい企業は持ちません。損害賠償や、時間外労働の賃金を追納するようなことになれば、息の根が止まります。こういった、コンプライアンス上でのミスは、非常におそろしいということを理解し、特に女性に嫌われると相乗効果で売上が減少するリスクがあることを理解しておかなければいけないと思います。

今後の組織化

今後は、どのような組織化がもとめられるのでしょうか。今でも行われていますが、お客様が戦力になってくれた場合は、やはりデータをしっかり収集、分析して今後の商品戦略を考えたり、販売促進策を考えたりすることが必要となります。その際、口コミ効果までも計算に入れた戦略とすべきではないでしょうか。大手の中には、しっかりやってくる会社がでてきております。しかしながら、中小にはまだのところが多いのではないでしょうか。

都市でも、有名な観光都市が課題を抱えています。観光客が多いのはありがたいのですが、市内の一部に観光客が集中しすぎ、地元の方々にとって住みにくい街に変貌してしまったのです。これを、もっと広域へ分散するということを行い、市内の住みやすさを取り戻していくことを目指しているそうです。その都市の伝統が守られているのは、住んでいる人が、自分の子供に親の働いているところを見せて育てることで、真の髄から地元を愛し、仕事を継承するので、長年培われてきた本モノの文化を海外から評価されているからだそうです。世界の方々はそれを感じに来られるのです。市内の集中を排し、他への分散を図ることは、ほかの地域の活性化にもつながります。そのため、次世代デジタルサイネージ等を活用し、観光客のＳＮＳのやりとりからどこを周遊し、どこへ行くのか等をデータとして収集し、その動きによって販売戦略や回遊行動を変えるように誘導して観光客の分散化、均等化をめざせるのだそうです。このデータをビッグデータに集積させ、観光、安心、安全分野を組み合わせた取り組みに反映させることもやり始めています。サービス産業、観光産業のモデルを作るために、鉄道利用者や観光客の利便性を向上させることも目指しているといいます。お客様の組織化ではありませんが、少なくとも、お客様に参加してもらい、データを産業へ活かすという取り組みといえます。このように、一歩進めてさらに深く、お客様の組織化を進化させていくことが求められます。

村上　顕（むらかみ　あきら）

関西大学法学部法律学科・大和路探索会ＯＢ。中小企業診断士。岡山県出身で神戸市在住。化粧品メーカー、医薬品メーカー、医薬品小売業で、主として、経営管理、労務管理、債権管理、物流と貿易を経験。Ｍ＆Ａや訴訟、監査法人・労基・税務署・税関への対応等もこなしてきた実績あり。趣味は、タウンウォッチングとサイクリングで特に、神戸、奈良、京都を中心に歩いたりペダルをこいだりしている。疲れた後の、温泉と喫茶店でのひと時が何よりの楽しみである。行政書士、通関士とパディ・オープンウォーターダイバーの資格も保有。

■塾長講義録〈鉄則23〜25〉

㉓一人の力の限界を早く悟れ。

起業して商売はいちおう軌道に乗ったけれど、スモールビジネスからなかなか脱皮できないというのは、人を使って拡大する仕組みや組織がつくれていないからだ。

事業を大きくする基本として、昔から言われているのが「迂回生産の法則」である。組織をつくって人に働いてもらう、お金を運用する、特許などで儲けるなど、とにかく「他のものを介して」利益をあげるので「迂回生産」と名付けられている。

自分一人や家族経営でやっていたらやはり限界がある。人件費を抑えられるということで、いつまでもそれを続けていたら人を雇うことのリスクばかり考え、会社を発展させようという発想自体がなくなっていく。それではいつまでたっても「生業」のままで、事業として発展はできない。

言うまでもなく、事業とは組織の総合力である。小商いは一人でもできるけれど事業はできない。自分一人の限界を早く悟り、組織によって生産力を上げていくのが事業である。

スモールビジネスの段階から事業へと発展させるためには、迂回生産の法則をいろんな面から検討し、実行していかなければならない。人を使って組織として運営する段階から初めて事業はスタートする。

人材を育てるためにも任せられる仕事はどんどん任せ、あるいはアウトソーシングもやりながら、経営者はより高い次元、より高度で難しい仕事を探して挑戦していかなくてはいけない。それが実業家というものであり、経営者としての成長にもつながるわけである。

㉔ お客の利を先に考えることが何より大切だ。

「顧客第一主義」とか「顧客満足」という言葉は、どんな商売、どんな企業においても掲げている標語である。だが実際のところ、この言葉を組織全体に浸透させるのはなかなか大変なことである。経営者自身が率先してその精神を実践・体現しないことには従業員もついてこない。

「顧客第一主義」は昔から商売の基本であるから、商売十訓でも三番目に挙げている。「お客さまに有利な商いを毎日続けよ」

その一方で、十訓の四番目には店（企業）側の立場を示している。

「愛と真実で適正利潤を確保せよ」

この三番と四番を一対のものとして具体化しなければ、商売は存続できない。商売の本質を、一対の言葉で的確に表現しているわけだ。

では、企業が存続するために「適正利潤を確保せよ」というのは当然として、その前になぜ「愛と真実で」とあるのだろうか。実は、これもお客の立場から見た言葉なのだ。

自分の商売に愛情（情熱）と真実（誇り）をもっている商売人というのは、お客の立場からみて信頼できる人である。だから商売人というのは、あくまでもお客の利を先に考え、お客から信頼されるように努めることが何より大切だ、ということを表している。商品を売る前に信頼を売れ、ということでもある。

信頼される商売をしていれば、自ずと適正利潤を確保でき、その商売は発展していく。

結局、どんな商売をするにしても、経営者自身の姿勢ひとつにかかっているということである。

㉕「明日は今日の明日ではない」

インターネットが普及してまだ四半世紀にすぎないが、技術イノベーションは文字どおり日進月歩で進歩し、社会全体もビジネスモデルも驚くスピードで変わっていった。この時期、私自身は67歳で第三創業をスタートさせた。サラリーマンだったらリタイアの年である。

「今日は昨日の今日ではなく、明日は今日の明日ではない」

私はとくに信仰心はないけれど、この言葉を常に心に念じている。変化を求め続けるのが経営であり、変化を恐れるのは経営者とはいえない。

かつては、本業を大事にしないと企業は成長しないと言われてきた。しかし大企業ですら、その本業を守らんがために次の開発を怠ったところは倒産する時代なのだ。変化のスピードに応じた自由な発想がないと、世の中に当てはまるビジネスモデルもつくれない。

ビジネスモデルを構築するときは、時代変化のスピードを念頭におく必要がある。五年も十年も通用するビジネスモデルなど創れないし、創ろうとしてはいけない。ということは、最初から変化に即応できるモデルを創っておく必要があるということだ。

ただし、モデルの基本的骨格は変えてはいけない。骨格とは、経営者の哲学や夢、熱い企業理念といったものである。そうした骨格がないビジネスモデルというのは、まさに羅針盤を失った船のようなものだ。どこへ進むのか、船長も乗組員もわからないようでは、厳しいビジネスの大海を航海することはできない。

これまで述べたように経営者には確かな羅針盤が二つ必要なのだ。その一つは、キャッシュフロー経営という客観的な羅針盤、そしてもう一つが、損得より善悪で判断する経営者自身の哲学、すなわち商人道である。

第7章

ビジネスは総合的な創造活動である

何度もピンチを乗り越えてこそ
大きな達成感を味わうことができる。
ビジネスの創造活動には
終わりがないから定年もない。
一生をかけるに値するロマンである。

理系人間から文系経営者に求めること

～文科系的な考え方と理科系的な考え方について～

古野電気㈱ 元常務取締役
赤 松 秋 雄

自己紹介と問題提起

私は技術者として企業に入り、その後、立場の変遷を経て経営企画担当の役員を務めました。いわば理科系出身の経営者のはしくれでした。

その過程で、社内だけでなく社会のいろんな場面において、文科系出身の経営者と理科系ないし技術系出身の経営者との、その考え方や判断の違いについて種々感じることがあり、企業を離れてからも自分のテーマの一つとして、その本質を見極めたいものと思ってきました。

著名な経済学者である橘木俊詔教授は、高校のクラスメートなのですが、彼の著作『ニッポンの経済学部』（中公新書ラクレ）に、次の記述があります（P１８２）。

――他学部に比べて、経済学部、政経学部そして隣接の商学部、経営学部は「社長・役員輩出力」が高いことが見て取れます。「就職に強い」「つぶしが効く」等と言われる経済学部の面目躍如と言えるでしょう。さらにいくつかの特徴が読み取れます。第一に、理系（の輩出力）が低調なことです。この点は私は以前に実証したことがあるのですが、経営者になるのは理系で学んだ技術者よりも、文系で学んだ事務屋が多いのです。技術者の多い製造業においてさえ、この傾向は当てはまります。日本の実業界における不思議な現象と言えます。――

私は、ここで、「企業では理系出身者に比べて文系出身者の方が出世しているようだ。文系は大学ではたいして勉強もしていないのに、それに比べ理系は損だ」などと言いたいのではありません。

もうひとつ引用してみましょう。

『文系のための理系センス養成講座』（竹内薫　新潮新書）

――日常的な文章も数式に落としていくと、その論理的な関係が明瞭になります。そして、そうすることによって言葉の勢いだけで納得させられてしまいそうなブラック企業経営者の牽強付会《こじつけ》な主張もじつは大きな不備だらけだと明白になるわけなのです。（「おわりに」から）

この本では、論理的ないし科学的な思考の重要性を述べています。また、日本における文系・理系の由来についても触れています。

――欧米にはすべてを理系と文系に整然と分けてしまうような、絶対的な区分が存在しない

のです。というかそうした分類マインドがはじめからとても希薄なのです。(P12)
一方、日本に特徴的な文系・理系にこだわった区分方法は、じつは明治政府が……(中略)……現代日本の教育制度にまでこれほど色濃く残ってしまっているのです。(P13)

このような観点で世の中をみれば、役所における文系エリート優位(技官は出世してもナンバー2止まり)の仕組みがその典型でしょう。中国や韓国の科挙(文系の選抜)や両班(ヤンパン:文官と武官、文系理系ではない)の位置付けなど、東洋には似た要素が多いようにも思われます。その中で、少なくとも日本では、職人の工芸を評価し大切にしてきたことは、職人芸の理系要素を重視するなら特筆しておくべきでしょう。

しかし、こういう面も考えておかねばなりません。政・官の分野は、多くの理科系人間にとって、自分がそこで活躍することが、自分の力を発揮して世のために役立つ場面であるとは、一部の幅広い志を持った人を除けば、あまり考えないのが普通だと思います。その結果、理系センスを欠いた役人、政治家がのさばってしまっていると見ることもできそうです。

文系経営者欠陥仮説

私が検討を進める過程では、その要因が文系経営者の問題意識の欠如、もしくは認識の偏りにあると思われる出来事について事例を集め、「何が足りなかったか、何を間違えているのか」を考えてみました。

ひとつの例として、ＪＲ尼崎脱線事故における当時の経営トップの責任について、高校同窓の友人二人、Ａは東大文系卒（もと商社勤務、この経営トップとは大学後輩らしい）、Ｂは東大理系卒（国鉄に入社し関西空港開設時に関空の関係会社に転出）と語り合ったことがありました。

私の発言：「この事故は要するに、若い運転手の頭の中が真っ白になった結果、電車が暴走してコケたということ。個人の責任どうこうという以前に鉄道システム自体に重大欠陥が内包されていたわけだが、自社でこのようなことが起こり得たのを、経営上の重大問題、すなわち優先的に解決しておくべき課題だったと認識しているようには見えない。少なくとも経営者が部下の提案（予算申請とかの間接的なものを含む）に対して優先順位の判断を誤ったというべきだ」

このことについてＡは、被告となった当人に対して同情的であり、一方、Ｂは強く批判していました。また別の機会に私の大学工学部仲間の話で聞いたのは、某電鉄の新線建設に取り組んだ技術系役員Ｃは、その路線において同様の事故を防ぐ手段をすでに講じていたといい、この対策が鉄道業界において既知であることを公言すると裁判に影響するだろうと漏らしていました。

このケースなどで、文系人間の経営トップは、会社のこのような失態にあたって、「たまたまこの時に社長の立場にいて運が悪かった」程度にしか認識していないのかも知れません。私が驚いたのは、文系人間であるＡがまさにそのような反応をしていて「彼を慰めてやる機会を設けたい」とまで言っていたことです。違和感という以上に内心いささかショックでした。

それは、理系人間ならば知っている、もしくは無意識に判断の基礎になっているはずの認識を、知らない、わかっていない、ということだろうと思うのです。もっと一般化して文系エリートを観察したとき、彼らが理系でないがために知らないのかもしれないこと、わかっていないかもしれないことについて、謙虚に想像してみようとするのではなく、無意識に過小に評価しているように、私には感じられることがあります。

もうひとつの例として、福島第一原子力発電所に関連した東京電力の経営判断に関して、万一の津波に対する脆弱性については、東京電力社内でも認識され対策が提案されていたと聞く。しかしそれに対して経営層は、「安全対策を追加するとそれまで安全でなかったことになり、マスコミの追及を受けるからやらない」という目先の経営判断を行ったようだ。一方で、同じく太平洋に面した東北電力女川原発では、そのようなこだわりなく、継続的に安全対策を重ねていたという。これは、私の大学同窓で、原子力関連企業に勤めていて複数の電力会社との付き合いがあり、社風の違いを感じていたD技師から聞いた話。

福島原発に関しては、もうひとつの指摘を、同窓のE教授からも聞いています。福島原発は米国での設計を基にしていて、竜巻への配慮から非常電源を地下に置いていた。つまり津波は考慮に入っていなかった。この危険を指摘する声は社内にもあったようだが、その設計をそのまま受け入れた。

このようなことを総合していうならば、経営者に、

・企業内の課題に対する認識（感性）の偏り・欠如

・自分（文系）の知らないこと（理系が持っている常識）に対する感性や関心の希薄さ、さらには謙虚さの欠如

・技術は部下の仕事であり彼らの責任範囲であって、経営はもっとレベルの高い立場であるという奢りなどがあったのではないでしょうか。

つまり、右に例示したような具体的事件は、理系リテラシーの欠如からくる判断のゆがみが引き起こし、そのまま深みに突き進んだ。すなわち、立ち止まって考える、引き返すなど、考慮すべき選択肢を想起できなかったのではないかと思うのです。

これを、私は勝手に「文系経営者欠陥仮説」と名付けました。ただし、ここでの「仮説」は、あくまで理科系でいう仮説であり、まだ証明できていないが正しいかもしれないからこれから証明に取り組んでみようという意味です。

しかし、このような話題を友人達と議論してみると、結局は、理系人間から見た文系経営者の一方的な「あら探し」に終わってしまい、文系の人たちに説得力のある論評ができないことを、自分でももどかしく感じていました。

文系の発想・判断と理系のそれとの基本的な違いはどこにあるのだろうか

この課題は、ずっと自分の頭の中にあって、本や雑誌を読んだときにヒントがあればそれを書き留めたり、関係していそうな書籍をネットや図書館で探してみたりしてきたのですが、『文系ウソ社会の研究』（長浜浩明　展転社）という本に明快な記述を見つけました。

この本では、文系人間の発想には、「ファクタ」と「ファクタ・ディテクタ」、つまり「事実」と「語られた事実」とを峻別しようとする概念が欠けていること、さらに「多数決で事実が決まる」すなわち、「多数が語れば、事実として扱われてしまい、その立証が追求されないまま広まる」ことを挙げています。

この本とその続編では、現在の日本での、また歴史的事実に遡って過去の日本を見たときの、ある意味不可思議な（と著者のいう）現象を取り上げ、自国防衛を本気で考えない（同）政治家とか、自国に不利益な報道ばかりする（同）反体制マスコミなどについても延々と考察しているのですが、それらはここでの関心の対象ではないので触れません。

文系・理系の違いについての理解を補充するために、この本のカスタマーレビューで読者が述べている表現を、いくつか抜粋しておきます。

・論旨の中心的考え方は、理系では当たり前の概念であるファクタとファクタ・ディクタの峻別という概念と、多数派は必ずしも正解ではない、という概念、これを文系諸氏はきちんと理解できていますか？　ということでしょうか。

・日本人には当事者が語ったことは全て事実だと思ってしまう人が多く、証言には記憶違いや嘘があり、証拠も捏造できるから、事実かどうかの厳密な検証が常に不可欠だという、当たり前のことに気づかない人が多い。

・多数の人がNOと言っても事実は事実という、真実の追究に絶対の価値を置く理系と、「多数の人がNOと言うなら、NOなのでは？」と多数決で物事が決まる文系という興味深い対比を通して、著者が語りかけているのは、事実を通してきちんと物事の本質に迫らないと、このままでは日本は滅びてしまう！　という叫びです。

・過去の戦争で負けたのは、文系のもうひとつの代表たる軍人が、日清・日露戦争の戦争体験から、失敗などを隠蔽し重要な教訓を全く学べていなかったためである。

・つまり、理系とは、全世界共通の公理に基づいていて、たとえば、数学のテストでは最も多くの人が導き出した解答が正解になるとは限らない。ある問題の正解が10パーセント、同じ間違いが90パーセントであっても、多数決によって間違いが正解になることはない、という公理で動く人のこと。つまり理系とは、感情であるいはその場の空気で結論を出すこととは対極の位置にあるということを念頭に置いている。一方文系とは、論証を避け多数派の空気で物事を決着させようとする傾向がある、という設定。

私達は通常、伝わってきたことをついつい事実だと思ってしまいがちです。しかし、事実かどうかがまだ確認できていないことについては、まず厳密な検証が不可欠であるはずです。この当たり前のことを忘れてもしくは気づかずに議論を進めてしまうようなことが身の回りでもありそうに思われます。昨今のマスコミにおいても多く見られるのではないでしょうか。

話を拡げます。私が好きな小田嶋隆さんのコラムに、次のような記述がありました。

――スポーツのコーチの中に、選手を服従させることを自己目的化してしまう不心得者がいるのと同じように、企業の管理職や政治家の中にも、他人を服従させることそれ自体を目指してしまうパワハラ体質の人間が一定数含まれていることも、また事実だ。思うに、われわれのこの島国が、こんなにちまちました社会であるにもかかわらず、これほど大量のパワハラ人種を育んでいるのは、結局のところ、わたくしども21世紀の日本人が、つまるところ「支配と服従」以外の人間関係の取り結び方をコーチングされていないからなのではあるまいか。――

これを読んで、ここで言おうとしている望ましいコーチングとは、「根拠を十分に示さず支配し服従させるのではなく、事実にもとづいて判断させ行動させること」も含んでいるとも理解でき、これも、本稿で扱っているテーマに含まれると言えそうです。

そう考えてくると、おそらく誰もが向上させたいと思っているであろう表現力や説得術についても、いささか心配になります。例えば、幾つかの大学には「弁論部」という活動があるようですが、もし弁論というのが、相手または聴衆に反論や疑問を持たせないような議論の手法を磨くことであれば、さらに極端にいえば、正しくないまたは確認されていないことを、正しいこととして聴衆に信じ込ませることであったならば、それは個人の表現力を高めるという範囲を超えて、ひょっとしたら社会に害を与えることになるのかもしれません。

私自身は、元来「口べた」なほうでした。人に説明する時にうまく理解してもらえず、もどかしい思いをしたこともあります。会社にいて、あることを文系出身の上司に説明しようとしたときに、上司が、私の口べたな説明の後ろにある「私の言いたい真実」を全く汲み取ろうとせず、「説明が下手だから分からん」と、聞く耳を持たず歯がゆい思いをしたこともあります。もっと度量が大きい人であれば、部下からの情報や知恵を上手に聞き出して自分の見識に加え合わせ、よりレベルの高い経営者になるのにと感じたことでした。

結論として、理系、文系の考え方の根っこにある分かれ目は、確認または証明された事実と、そうでないかもしれない「語られた事実」とを、ちゃんと峻別するか、それを曖昧にしたまま議論を進めてしまうかの違いだという認識に、私はたどり着いたのです。

このように考察を進めながら、文献を探してみました。すでに紹介したものの他にも、

『理系バカと文系バカ』（竹内薫　PHP新書）

『文系バカが日本をダメにする　なれど〝数字バカ〟が国難を救うか』（高橋洋一　WAC文庫）などもあります。

しかし、それらの多くは、私のような理系人間が読めば、その通りだなと頷けるのですが、果たして文系の人が読もうとするだろうか。おまけに、これらの本の多くは「文系バカ」だとか「文系ウソ」だとか、文系の人たちの気持ちを逆なでするような題名をつけていて、文系の経営者が手にとって参考にしようという気を起こさせないよう、あえて仕掛けているようにすら思えます。

それでももし読んでくれたとして、彼らに対して説得力を持っているだろうかと考えたとき、もしもこのような指摘を汲み取ってくれるような人ならば、おそらく、文系経営者にありがちな欠陥を顕在化させることなく、すでに立派な経営を実行できているはずだとも思い当たりました。ということは、このような書籍の多くは、一般的な文系経営者の欠陥をあげつらい、我々理系人間の溜飲を下げるだけに終わってしまっているのではないか、これは生産性のないことだなあと思えてきました。

そこで、この課題をまとめる方向としては、「文系出身の経営者の方は、このようなことに配慮してくださいね」という、一歩引いてお願いのスタンスで表現するのが良いのではないかと思うようになりました。

心ある方には、「なぜ理系人間はこんなことをしつこく言うのだろうか」と考えて、ああそうなのか、こういうことは気をつけねばならないな、と受け止めてもらえることを期待します。また、文系出身の若い人たちには、自分がどのように世の中に対峙し、自分の寄与を高めることができるかの参考になるのではないかと思うのです。

理系人間から文系経営者へのお願い

文系経営者の皆さんは、ぜひこのようなことに留意してください。

①「ファクト（事実）」を無視して、ごり押しや交渉でなんとかしようとはしないでください。交渉によって「ファクト」が都合よく変わるものではありません。

②科学的・技術的なこと（理系マター）が分からないときに、それは自分の足らざる部分だと思いたくないから「自分の仕事ではない」と格好をつけようと、理系人間に上から目線で対応したりしていないですか。

③理系人間を下に見ることに慣れて、重要な政策判断（もしくはその議論）において、理系的要素の検討や評価を、自分の課題ではないとして欠いてしまい、その結果の判断に欠陥もしくは大きな偏りが生じてしまってはいないでしょうか。

④経営の苦境に陥った時、その場の切り抜けにしか思いが及ばず、根本解決への道筋作りから逃避したり逆行しようとするようなことはないですか。技術系の人間ならば「できるものはでき

る可能性があるが、できない（理論的に成り立たない）ものはできないという事実は曲げられない」、つまり現実から逃げられないことを、当然のこととしてわかっているはずで、より腹をくった対処（白旗を上げることも含め）をするのではないですか。

⑤経営者と営業部門は、商品（製品）開発への無い物ねだりに陥りがちです。その結果、「ウチの開発部門はレベルが低い」という愚かな軽蔑心とか相対的優越感を持ってしまってはいませんか。それはまったく会社の力にはなりません。

⑥技術要素（人的資源を含む技術的資源）を揃えないと、研究開発は進まず製品は作れません。理系人間には当然の認識なのですが、文系の人には実感できにくい部分があるかもしれません。うまく議論して誘導し「やってみます」と言わせればよいとか、金さえかければなんとかなるとか思っていて、もっと現場を理解しようとする努力を怠っていませんか。

⑦技術進歩と共に、開発業務の細分化や複雑化がどんどん進んでいます。技術者が目先の仕事に没頭せざるを得なくなり、優秀な者ほど重用されて（便利に使われ）取り込まれてしまっています。その結果、彼らの活躍の場が拡がらず、経営センスを身につける機会も得られにくくなります。この流れをどうかしないと会社の発展を阻害することになります。

「起業の鉄則」雑感——もし私が起業したとしたら

私自身は起業をしたことはありません。私が入った会社は、創業者とその周囲の人たちが努力を重ね事業をある程度発展させてきた段階でした。たまたまその会社を知る機会があって入社し、その中に自分の活動の場を得ました。

その会社は当時まだ未上場のメーカーで、入社してあまり間のない私でも、かなり全体を見渡すことができる規模でした。私は、社会に出るときに、有名企業や大企業志向ではなく自分に合った場を求めていたので、その意味ではピッタリだったのです。

私にとっては、自分の属した企業をいわばインフラと考え、その中で自分を発揮できる場面に向かって泳いでいったというような感覚があります。自分から泳いだだけではなく、心ならずも飛ばされて移った立場において、新しい経験やそれまで知らなかった方面のことを学ぶ機会があり、幸いにそれらが後の活躍の舞台になったこともありました。

それに加え、振り返ってみて良かったと思うのは、大企業に入社した学生から感じるように、社会に出たことすなわち会社に入ったこと、というような錯覚にはまったく陥らず、自分は会社で学ぶだけでなく、多くを社外から学ばなければならないと思ったことです。

その頃に、自分にどのような強みがあるかについて、自分では次のように思っていました。

・私は、中学高校時代にはラジオ少年でした。大学での電磁気学の勉強で身につけたのではなく、それより以前に自分の趣味を通じて身につけた電気や電波の知識経験が役立っている。

・その頃には自分でラジオや無線機を組み立てたりしていたから、若い部下と一緒にハンダ付けの作業をやっても、負けないピカピカのハンダ付けができ、一目おいてもらえることもメリットだった。組織を任されていたときに統率力の一部になっていたのかもしれない。
・また、組み立てた機械に設計の間違いや配線の間違いがあれば絶対に働きません。ごまかしが効かず糊塗したいと思ってもどうしょうもない、すなわち、本稿で述べてきた、事実は事実ということが、意識するまでもなく体に染み込んでいた。
・大学4年を卒業の後、大学院修士課程で2年間過ごしたので、大学の内部(実情)がわかり、先生(教授)を肩書だけで尊敬するのではなく観察するようになった。後の学界との付き合いでも、どう役立ってもらえそうな先生であるかを見透かせるようになった。
・中高、大学で部活動の主将を務めた。若干のリーダーシップを身につけただろうことと、特に大学では大先輩方に多大のお世話になる活動だったので、学生でありながら、企業の重役室を訪ねたりする経験も得て社会の片鱗も見ることができたことは幸いだった。
このような生意気なことを他人に話すことはめったにないのですが、ずっと内心思ってきたことです。それらは、私が主に理科系の勉強をしてきたのに加え、その外側で得てきた縁や経験であって、これらのおかげで、理系の枠に必ずしも閉ざされることなく、世間に接することができるようになったと思っています。

ただし、学問に関しては、きちんと電磁気学を学んでその答えとして結果を導き出すのではなく、アマチュア経験での知識から逆算して答えを書くという邪道にしばしば陥ってしまい、十分勉強せず卒業・修了したという面があります。それは自分の弱味として自覚していることを白状しておきます。

以上を踏まえて、仮に私が起業したとしたら、もしくは、起業家の友人に誘われて参画することになったら、どのように考えるかを思い浮かべてみます。あくまでも私ならということであって、世の中の起業を目指している方に、直接参考にしていただくべき内容ではありません。

会社を機能させるインフラをどう構築するか、一から自分でできるのか、既存の仕組みを利用するのか。私なら、すでに事業を行っていて、ある程度機能している仕組みをベースにできないか考えるだろうと思います。それは、自分の不得意なこと、もしくは時間を要することには、手を取られたくないという意識があります。

そのうえで、意図した態勢を整え目標に向かっていくには、仲間もしくは他人との関係性が言うまでもなく重要でしょう。実は、私には失敗経験があり、参画しかけた相手があまりにも志が低くて価値観が合わず、一緒にはやっていけないと判断し撤退したことがあります。もし自分が一から起業しようとしていたらそのような問題はなかったのでしょうが、そこまでの熱意と人生の時間がなかったと言い訳しておきます。ですから、以下は自分を棚に上げての理想論にすぎません。

- 自分の立場が上であっても、人を使っていると考えるのではなく自分を支えてもらっているとの認識。心の中での感謝。

・事業がある程度順調だといえるとき、起業家自身の自己満足だけか、仲間や従業員の人生に満足を与えているか。社員の満足を配慮できていなければ、それは会社が大きな歪をかかえていることだと認識しておくべきでしょう。

・システムを組む力量がとても重要です。システムを組むとは、会社を自分で抱え込まずに、仕事を定義して任せるしくみを作ること。これは起業家が大成するかどうかに大きくかかっていると思うのです。

・一からの起業にあたっては、特に文科系の方には、本稿で述べている文系理系の特徴を理解して、理系の人の協力を上手に取り付ける配慮や度量がとても必要です。

・また理系経営者は、文系との違いを理解しておくことは重要。組織を展開するには文系経営者の力量を発揮してもらう必要（余地）があるはずですから、文系の人の協力を上手に取り付ける配慮や度量がとても必要です。

・実務をこなしてくれている人を便利に使ってその立場に閉じ込めてしまわないこと。その人の人生、その人の成長を配慮して、次の場を用意すること。その仕事をこつこつ続けることが幸せそうならば、それも良いかも知れない。しかし、次に成長してもらうべき若手の邪魔をしてしまっていないかも観察すべきです。

・会社を発展させるのは創業者の力だけではありません。そのように思えたときには「おかげさまで」というべき社内外の人たちを思い浮かべてください。あまり思い浮かばないようならばかなり危険です。

・営業の本質は「売る」ことでなく「知る」ことにある（宋文州）。営業担当者に「売ってこい」というだけではなく、情報を得てくることを重視し評価することが、会社そのものと社員のレベルアップにつながるのでしょう。

・日常が惰性になっていないか。小さくても積み重ねができているか。

・「成功した起業家」と称えられたいという心理。世間からの承認欲求は抑えて抑えて。

・今後自分はどこから学ぼうか。縁のありがたさを思い、目先の打算ではなく遠い打算でお付き合いする。

・毎日忙しいのは、忙しくないより良いことだと思いますか。必ずしもそうではないのではないですか。まずは自分が忙しくしないでも仕事が回ること。そのように工夫努力したうえで、それにプラスする活動のために忙しいならば望ましいことでしょう。

理系と文系の考え方をバランスよく持っている小林宏至さんは、私の中学高校の6年先輩です。中高一貫校で主要科目の先生は6年間そのまま持ち上がりだったので、特に縁の深い学年にあたる大先輩です。私が小林先輩の経営に関して特に感嘆したことは次の2点。

第一に資金の回転について

私はメーカーにいて原価と売上の対比ばかりを見ていて資金の回転に関心がなかった。もちろん経理部門は気にしているのだろうが開発生産の部門では無関心だった。資金効率が悪くても会社が回っていれば、銀行は鷹揚だったというかむしろ貸出先として好都合だったのかも知れない。甲南チケットを知って、私には一見薄利に思えたことが、運営次第で高利をもたらすことをはじめて学び、目からウロコでした。

第二にシステム構築

小林先輩を私が尊敬するのは、ご自分が会社のルーチンワークに従事しないですむ仕組みを確実に作り上げられていること。見事なのが、チケット販売での仕組みづくり（コンピュータシステムを含む）とそれによる事業の大成功。さらにそれをスマートに売却して、より桁の大きな事業への切り替え。このように階段を登るためには、自身が業務のルーチンにしばられず事業を回すことを徹底してのことだと感銘を受けました。

起業に関しては、サラリーマンで過ごした私には論評する資格はありません。起業を目指す方のほうから、何かヒントになるものはないかと探っていただくのを待つのみです。企業に勤務する、自ら起業する、いずれにしても受け身でない人生を過ごしたいものです。

赤松秋雄（あかまつ　あきお）

昭和18年（1943年）生まれ。灘中学校・高等学校を昭和37年に卒業。小林宏至氏の6年後輩（主要科目は同じ先生方から学んだ）。当時の灘高は進学先や社会に出てからの進路も多様でありよい同窓仲間に恵まれた。中高時代はラジオ少年・アマチュア無線に熱中、その延長で通信工学科のある大阪大学を志望し入学。大学院修士課程修了。

昭和43年古野電気株式会社に入社。主に産業用機器、電波航法機器などの開発に従事、技術管理（特許管理、契約管理）も経験。平成3年に取締役経営企画部長、のち常務取締役。平成15年の退任まで本社の経営企画を担当。

30才頃に会社の同僚の紹介で吉岡昭一郎氏（後に、ひょうご中小企業活性化センターの総括コーディネーター）の知遇を得る。当時は東芝から独立しアポロ電機製作所を創業された初期。異業種交流に参加せていただき、社外・社会から学ぶ契機となった。後に古野清之社長（当時）が関西ニュービジネス協議会副会長に就任し、私も同協議会の活動に関与することとなった。

■塾長講義録〈鉄則26〜30〉

㉖ 先輩の姿に自分の将来が見えた。

１９６０年、川崎航空機（現・川崎重工業）に入社した私は、当時三宮にあった本社の経営企画室に配属され、経営計画を立てたりする一方、常務会の事務局の仕事も兼ねていた。まだ電卓がなかった時代で、チンチン、チンチンと音がする手回しの計算機で明けても暮れても計算作業。徹夜もしばしばというハードな勤務の中、ふと考え込んでしまった。三年先輩の人たちも新入社員の自分たちと同じように計算業務に明け暮れていたからだ。

先輩の姿に自分の将来が見えてしまい、「今、何かしなければいけない」と、神戸大学の経営学部第二課程（夜間部）に学士入学した。入社三年目の春である。会社と学校と家の往復で遊ぶ暇などなくなった。しかし大学時代と違って実践的に役立つ勉強でたいへん充実した時間だった。学士の実績が残り、中小企業診断士はこの時期に取得している。

35歳で会社を辞めたとき、結婚したばかりなのに私はどんな商売をするのか全くアテもなかった。不安でいっぱいだったが、友人から紹介された商売（複製画を販売）にがむしゃらになって打ち込んだ。起業した当初は知識や資格など何の役にも立たなかった。しかし事業が発展するにつれて、それまでの経験・知識が活かされるようになったのだ。

経験や学問の裏付けがなかったら、私はおそらく発展性のない小商売に明け暮れていただろう。人生設計を立て、二十代はとにかく勉強をしなさいという理由はそこにある。

27 ビジネスは一生をかけるに値するロマンである。

何かの商売で失敗しても、諦めず、止めなければ失敗ではない。そういう意味で私はビジネスで失敗したことがない。

これまで十数回も商売変えをしてきたのは、新たなビジネスにチャレンジすることが楽しかったからだ。

もちろんビジネスを始めるにあたって毎回ピンチがあり悩み苦しんだが、それを乗り越えることで大きな達成感を味わった。そしてやがて、ビジネスは総合的な創造活動だとつくづく実感するようになった。ビジネスの創造活動には終わりがないから定年もない。一生をかけるに値するロマンである。

冒頭からこんな話をするのは、いずれ独立を考えているなら、35歳までに起業するのがベストと言いたいからだ。この年に独立した私の体験的実感である。

世間には社会経験を十分活かして起業したほうが成功の確率も高い業種があることも事実だ。

しかし大きな志と夢を実現するためには、あまり短い期間では無理がある。十年、二十年でも短い。せめて三十年ぐらいの期間が必要だ。

となると、やはり起業するのは早すぎもせず遅すぎもせず、ある程度の社会経験を積んだ35歳ぐらいがちょうどいい。

私はそういう人が一人でも多く現れることを期待しながら、「起業の鉄則塾」を開いている。

㉘ 失敗はすべて自分の責任、成功はみんなの協力のおかげだ

時代や社会の変化があまりにも早く、ビジネスモデルの寿命がどんどん短くなり、企業の平均寿命さえ「企業十年説」と言われるぐらいになった。ひと昔は「三十年説」だったのだから、経営者のかじ取りはますます難しくなっている。しかし景気の変動や競争という波にもまれながら航海をつづけるのが会社経営というものだ。

船長（経営者）の判断が誤れば、船が岩に座礁したり沈没することもある。悪天候のとき船を港に避難させなかった船長は最後まで責任をとらなければならない。不景気を言い訳にしたり、部下の不始末のせいにしてはいけない。すべては船長の責任である。

責任の重さから、経営者は孤独になりがちだ。だから経営者のなかには占いに頼ったり、拝み屋さんのような人のお告げで判断する人もいる。気持は分からなくもないが、それは一つの参考

意見としておくべきだ。

決断するときはタイミングというものがある。決断しないということも一つの意思表示だが、経営者がいつまでも中途半端な態度を続けていると社員たちが戸惑ってしまう。トップは常に明確な意志表示をしなくてはいけない。

決定したことはすべて自己責任として総括しないと社員からの信頼が薄れ、結果的に会社全体の志気を落としてしまうことになる。経営者は社内の志気、やる気、元気を醸成していかなくてはいけない。

そのためにも、「失敗はすべて自分の責任であり、成功はみんなの協力のおかげだ」ということを、常日頃から態度で示す必要がある。

㉙ 事業は総合的な創造活動である。

事業は総合的な創造活動である。私は常々そう言っているが、アップルを世界企業に成長させたスティーブ・ジョブズは、「創造性とはものごとを結びつけることにすぎない」と言う。なるほど、うまい表現である。一見無関係に見えるものや、離れているものを関係づけて考えたりイメージするという意味だろう。

企業経営もまさにその通りで、経営者は過去の経験や知識、あるいは人との出会いからヒントを得たことなどを結びつけながら、ビジネスモデルの構築や経営マネジメントという創造活動をしている。

「スクラップ&ビルド十八の法則」は創造活動の成果であるが、このなかのいくつかを「結びつける」ことで見えてくるものがある。たとえば、資金についてまとめた次の3つの法則を並べてみよう。

運転資金は少なくとも二割の余裕を持て（法則十五）

資金回転率を高めるために金を眠らせるな（法則十六）

質素倹約に励み余裕資金をつくれ（法則十七）

意味合いはそれぞれ異なるが、これらを結びつけたら経営マネジメントの指針となる。また、企業経営の血液であるキャッシャフローがいかに大事であるかということも理解できるだろう。

経営者はとにかく「木を見て森を見ず」ではいけない。事業が大きくなるにつれ、店長クラスは木を見ればよいが、経営者はそれぞれの木（店）も森（全体）も観なくてはいけない。そのためにキャッシュフローを基準にした「管理会計」が必要なのだ。

それぞれの木の成長を見ながら森全体のキャッシュフローの変化を見ることで、思わぬヒントや発想が生まれてきたりする。

30 自分がベストを尽くして何をするかなのだ

どんな分野の職業でも、自分の才能を開花させた人生舞台では、死ぬまぎわまで現役にこだわりたいものである。その世界の成功者と呼ばれて満足しているようでは、そこで人間としての成長は止まる。いや、むしろ退化するだろう。

成功者を評価するのはいずれにしても他人だから、本人は情熱と向上心があるかぎり現役続行したいのだ。それは事業家においても同じことで、現役で事業をおこなっている以上、「これで成功した」という思いはないはずだ。

私もこれまで十数種の商売を手掛けてきて、失敗らしい失敗をしたことがないが、成功したとも思っていない。現役にこだわる芸術家や芸人が表現し続けるように、事業のなかで自己表現したいわけである。あと何年現役でいられるかわからないが、とにかく最後は悔いの残らない締めくくりをしたい。

事業がどれほど発展しても、成功者と言われても、共に喜んでくれる人が周りにいなければその人生は空しい。幸いにも私は、事業継承の憂いはなくなり、心配事といえば自分や家族の健康だけだ。ほんとうにありがたい人生を送らせてもらっていると、感謝にたえない。

これから起業する若い人たち、あるいは第二創業にチャレンジしようと思う人に、私が最後に

言いたいことは、

「とにかく勇気をもってベストを尽くして、身の丈に合った商売を始めよう、そして人生を悔いないよう自分の舞台をつくろう」、ということだ。

大切なのは昨日のことではなく、今、自分がベストを尽くして何をするかなのだ。

第8章

心にひびく名言名句99

日本は「言霊」の幸《さきわ》ふ国です。
言霊への信仰が、
ゆたかな情緒・文化を育んできました。
聖書にも「初めに言葉ありき」というように、
人類文明は言葉によって拓かれたのは、
疑いを得ないことです。
そしてまた起業家の原動力も
言葉の力が大きく影響していることは、
多くの「名言名句」が実証しています。

起業する前にも後にも、大変なことはいろいろあるでしょう。時には、悩みに悩んで決断できず、前にすすめないこともあるでしょう。そんな時、先人の名言に勇気づけられ、あるいは身近な人の言葉に励まされ、迷いが晴れることもあるでしょう。言葉にはそれほど大きな力が秘められています。

長い人類の歴史のなかで、さまざまな人たちが心にひびく名言名句を残してきました。先人の英知や教訓が凝縮して名言・名句となり、それをまた後世の人が自分の言葉に言い換える。その意味でオリジナリティというものはありませんが、誰が・どんな時に・どんな状況でその名言を吐いたのかによって、言葉の意味合いや重みは変わってきます。ただし人の「生き方」としての本質は何も変わらないでしょう。

ここに並べた名言名句99は、創業経営者だけでなく、よく知られた人たち（科学者やアーティスト、スポーツ選手など）の発言を集めたものです。これらの言葉の前後には当然、それを発言したときの状況があり、それが解ると一層のこと「なるほど」と思うわけですが、状況（文脈）は異なっても、言葉の意味するところは同じものも少なくありません。どの言葉にも共通するのは、〝超〟がつくほどのポジティブ思考ということではないでしょうか。

人はその時の状況変化、あるいは心の微妙な変化で、ひびく言葉が変わったりします（翻訳本は訳者によっても変わります）。今のあなたには、どんな言葉が心にひびきますか。また、誰がこの言葉を言ったのか想定して（カンを働かせて）、□桝のなかに発言者の名前を、２０２ページの名前リストから探して人物名を書いてみてください。解答は２１６ページに。

そして最後の１００番目の□枠には、今のあなたにとっての名言名句（ここに挙げた99以外のものでも）、または日ごろの座右の銘を記してみてください。

なお言葉の出典（著書）は、『人を動かす　名言名句大辞典』（世界文化社）、『千年語録』（小学館）、『スティーブ・ジョブズ　全発言』（ＰＨＰビジネス新書）、『英語で読む　アインシュタイン』（ＩＢＣパブリック）などの他20冊以上の本を参考にしていますが省略します（インターネット検索のものもあり）。

言葉には力があると思われるなら、興味をもった人物の伝記や著書を読まれることをお勧めします。

（「起業の鉄則塾」編集委員）

松下幸之助　本田宗一郎　早川徳次　稲盛和夫　孫正義　三木谷浩史　アンドリュー・カーネギー　スティーブ・ジョブズ　アインシュタイン　豊田喜一郎　安田善一郎　岡本太郎　能村龍太郎　鬼塚喜八郎　米山稔　山田晃《あきら》　イチロー　柳井正　小倉昌男　長嶋茂雄　ヘンリー・フォード　ピーター・F・ドラッカー　ジョセフ・マーフィー　鳥井信治郎　吉川英治　夏目漱石　トーマス・エディソン　バックミンスター・フラー　小林一三　島正博　渋沢栄一　樋口廣太郎　デール・カーネギー　西郷隆盛　大隈重信　倉本長治　小林宏至　森信三　慈雲飲光尊者　大杜空太　チャールズ・チャップリン　中村天風　二宮尊徳　貝原益軒　荻生徂徠　湯川秀樹　ヘンリック・イプセン

1　信用、資本、奉仕、人、取引先、この五つの蓄積を行え。

2　〝無理難題〟が企業を発展させる。

3　特別なことをするために特別なことをするのではない、特別なことをするために普段どおりの当たり前のことをする。

4　常に原点に戻れば新しい方法が見えてくる。

5　下を向いていたら、虹を見つけることは出来ないよ。

6　行き詰まりは展開の一歩である。

7　売れない新製品をデザインするコストも、売れるのをデザインするコストも同じである。

8　金がないから何もできないという人間は、金があっても何もできない人間である。

9　研究開発費が多い少ないなど、イノベーションとは関係ない。

10　経営戦略は三キリ主義に徹せよ。戦術は二キュウでいけ。（キリは、踏切り・割り切り・思い切り。キュウは研究と普及）

11　不況の時にも耐えられる経営が本当の健全経営である。

12 挑戦しないということが、もっと大きなリスクになるかもしれない。夢を追いかける勇気があれば、すべては現実になる。

13 感謝の言葉をふりまきながら日々を過ごす。これが友を作り、人を動かす妙諦である。

14 大事をなさんと浴せば、小なる事をおこたらず勤むべし、小積りて大となればなり。

15 われわれが必要としているものは、イノベーションと企業家精神が当たり前のものとして存在し、継続していく企業家社会である。

16 憧れを持ちすぎて、自分の可能性を潰してしまう人はたくさんいます。自分の持っている能力を活かすことができれば、可能性は広がると思います。

17 人間にとって最も大切な努力は、自分の行動の中に道徳を追求していくことです。

18 どこまでもまず人間をつくれ。それから後が経営であり、あるいはまた事業である。

19 私は一日たりと、いわゆる労働などしたことがない。何をやっても楽しくてたまらないから。

20 個人の能力には大きな差はない。あるのは根性と持続力の差だ。努力を重ね、苦労を積んでこそ、人間形成もなされる。

21 右手にそろばん、右手に十善法語。

22 企業がつぶれる原因は自家中毒だ。

23 私がこれまでくじけずにやってこれたのは、ただひとつ。自分がやっている仕事が好きだという、ただそれだけなのです。

24 不景気は常に敏腕な経営者の味方であった。

25 自分で仕事をするのではなく、仕事をさせる適材を見つけることが大切だ。

26 何よりはまずは準備することが、成功の秘訣だ。

27　どうして多くの人が起業に失敗するのだろうか？　努力の方法を間違っているからである。

28　大事なことは、誰がなんと言おうと、一直線に志に向かっていくこと。

29　義を先にして利を後にするものは栄る。

30　あらゆる事象は心の反映である。したがって純粋な心でひたすら念じ続ければ、たいがいのことは成就する。

31　何かを真に理解するには、全身全霊で打ち込む必要がある。

32　経営とは、人として正しい生き方を貫くことだ。

33　ビジネスで成功するかどうかのカギは、結局のところ、仕事を人生最大の遊びにできるかどうかだ。

34　真の商人は、先も立ち、我も立つことを思うなり。

35 いいかい、怖かったら、怖いほど、逆にそこに飛び込むんだ。

36 情熱がたっぷりなければ、生き残ることはできない。偉大な製品は、情熱的な人からしか生まれない。

37 失敗が人間を成長させると、私は考えている。失敗のない人なんて、本当に気の毒に思う。

38 壁というのは、できる人にしかやってこない。超えられる可能性がある人にしかやってこない。だから、壁がある時はチャンスだと思っている。

39 人間として最大の発見、驚きは、自分にはできないと恐れていたことが実はできることだと知ることだ。

40 成功とはあなたの仕事のほんの1パーセントに当たるものだが、それは失敗と呼ばれる99パーセントのものがあって初めて生まれてくるものである。

41 他人の利益を考えて、自分の時間を捧げれば、肝心なときには、必ず、天が味方してくれる。

42 人間として真の偉大さにいたる道はひとつしかない。何度もひどい目にあうという試練の道だ。

43 一番最初に重要なのが、理念と志。二番目に重要なのがビジョンです。そして三番目が戦略です。

44 歳をとればとるほど、動機こそが大切だという核心が深まる。

45 天才の1パーセントは「インスピレーション」から成り、99パーセントは「パースピレーション」（汗）から成っている。

46 アイデアというものは、それを一心に求めてさえいれば必ず生まれてくる。

47 あら探しをするより改善策を見つけよ。不平不満など誰でも言える。

48 ほんとうに身にこたえる苦労などというものはそれほど数多いものではない。すべての事故や災難は一つの研究テーマとして考えていきたいものである。

49 論理的な思考とは、物事をシンプルに考えるということにほかならない。シンプルな論理的思考を心がけることだ。物事をできるだけ単純に考えることが、真の目的に到達する近道なのである。

50 仮説・検証をベースにした仕事への取り組みこそが、本当の仕事の仕方である。

51 宇宙に存在するものなら自分の手で生み出すことができる。

52 常識とは、18歳までに集めてきた偏見のコレクションのことです。

53 勇断なき人は事を為す能わず。

54 楽観よし悲観よし。悲観の中に道があり、楽観の中にも道がある。

55 他人のために尽くすことによって、自己の力を量ることができる。

56 縁は求めざるには生ぜず。内に求める心なくんば、たとえその人の前面にありとも、ついに縁を生ずるに至らずと知るべし。

57 僕はずっと失敗してきた。今までのどのビジネスでも一勝九敗くらい。唯一成功したのがユニクロです。

58 自分のつくすべき事をつくして、それから先の運命は天命に委《まか》せよ。

59 人間は好き嫌いで働くものだ。論法で働くものじゃない。

60 基本に忠実であれ。基本とは、困難に直面したとき、志を高く持ち初心を貫くこと、常に他人に対する思いやりの心を忘れないこと。

61 人間は片手間仕事をしてはならぬ。やるからには生命を打ち込んでやらねばならぬ。

62 誠実は裏切られても、誠実の価値は少しも変わりはしないだろうし、長年月の間には、誠実が立派にものをいうと信じたい。

63 社会の問題点を考えて事業を始めて行くと、不思議と事業になって利益もついてくる。

64 アイデアの秘訣は執念である。

65 失敗は前回より賢く再度挑戦するための機会である。

66 一度生んだ子は、完全に育てる義務がある。

67 即断、即決できる見識と機敏な実行力は指導者に不可欠の要件だ。

68 チャレンジして失敗を怖れるよりも、何もしないことを怖れろ。

69 言葉には人生を左右する力があるんです。
この自覚こそが人生を勝利にみちびく、最良の武器なんですよ。

70 夢に酔っていればこそ、それを実現させる情熱が湧いてくるのです。

71 損得より善悪で判断する。それが正しい「商人道」である。

72 「不可能なことはない」と信じ続けなさい。そうすればあなたが信じた通りの現実にあなたは遭遇するでしょう。

73 我等もし事業をなさんと欲せば、必ずまずこれがために仆《たお》るの決心なかるべからず。

74 人は自己に与えられた境において、常に一天地を拓かねばならぬ。

75 ドグマ（教義、常識、既存の理論）にとらわれるな。それは他人の考えた結果で生きていることなのだから。

76 大仕事を先にやることだ。小仕事はひとりでに片がつく。

77 シーズよりニーズを追え。「魚のいる池で釣りをする」のは商売のイロハである。

78 考えてみれば人生は借りだらけではないだろうか。よほど返しても返しても、また借りができる。これを返すのが奉仕だと私は思っている。

79 志を立つることは大にして高くすべし。小にしひくければ、小成に安んじて成就しがたし。天下第一等の人とならんと平生志すべし。

80 運とはわが身を練って運ぶことなり。

81 危機に勝つには「頼るな」「戻るな」「恐れるな」。

82 一流の人材ばかり集めると失敗する。

83 志なき人は聖人もこれを如何ともすることなし。

84 組織が個人に対する支配は、組織が社会における機能を果たし、社会に貢献するために必要な最小限にとどめねばならない。

85 世の中の事はすべて、心の持ちよう一つでどうにでもなる。

86 人によくすることは、自分にもよくするのと同じだ。人を愛することは、自分を愛するのと同じだ。事業の道も処世の道も、これ以外のものはない。

87 すぐれた芸術家はまねる。偉大な芸術家は盗む。

88　やってみなはれ。

89　他社が模倣するような商品をつくれ。

90　ほんとうに心から満足したお客は、売り手に有難うを言う。それが正しい販売の姿である。

91　思想さえしっかりしていれば、技術開発そのものはそう難しいものではない。技術はあくまでも末端のことであり、思想こそが技術を生む母体だ。

92　持てる力を一点に集中すれば、必ず穴が開く。

93　志を立て決意する事は大事、だがそれ以上に大事なのはその初心を持ち続ける事である。

94　創造性とはものごとをむすびつけることにすぎない。

95　事を起こすのが起業家、事を成すのが事業家、事を治めるのが経営者。

96 全体で決まったことなので……などというのは、責任者としてとるべき責任の自覚が欠けている。

97 わたしの前には道はない。わたしのうしろに道ができる。

98 時代の変化、社会のニーズに合えば、無理に力は使わなくても受け入れられる。

99 誰でも機会に恵まれないものはない。ただそれを捕えられなかっただけだ。

100 あなたの名言名句（座右の銘）

名言名句 解答

アインシュタイン	17・42・52
アンドリュー・カーネギー	25・99
石田　梅岩	34
イチロー	3・16・38
稲盛　和夫	22・30・32・63・70
岡本　太郎	35
荻生　徂徠	83
小倉　昌男	49
鬼塚喜八郎	92
貝原　益軒	79
倉本　長治	11・24・90
小林　一三	8
小林　宏至	71・77
慈雲飲光尊者	21
渋沢　栄一	58・85
島　　正博	4
島津　斉彬	53
下村彦左衛門正啓	29
ジョセフ・マーフィー	72
鈴木　敏文	50・98
スティーブ・ジョブス	9・23・31・36・44・51・75・87・94
孫　　正義	12・28・43・95
高村光太郎	97
チャールズ・チャップリン	5・46
土光　敏夫	20
デール・カーネギー	13・76
トーマス・エディソン	19・45
豊田喜一郎	66
鳥井信治郎	88
中村　天風	18・69
夏目　漱石	59
新島　　襄	73
二宮　尊徳	14
能村龍太郎	2
バックミンスター・フラー	41
早川　徳次	1・48・62・78・86・89
ピーター・F・ドラッカー	7・15・84
樋口廣太郎	60
ヘンリー・フォード	26・39・47・65
ヘンリック・イプセン	55
本田宗一郎	37・40・68・91
マイケル・E・ガーバー	27
松下幸之助	54・67・82・93・96
三木谷浩史	33
森　　信三	56・61・74
安田善一郎	80
柳井　　正	57
山田　　晁（あきら）	10
湯川　秀樹	64
吉川　英治	6
米山　　稔	81

◆資料編

■小林宏至塾長略歴

■甲南アセット所有ビルマップ

■「起業の鉄則研究会」の歩み

小林宏至・塾長の略歴と起業・事業展開の経過

プロフィール略歴

S13年（1938）　神戸市東灘区本山町にて出生
S31年（1956）　灘中・灘高等学校　卒業
S35年（1960）　大阪府立大学工学部卒業
S37年（1962）　神戸大学経営学部第2過程学士入学
S38年（1963）　中小企業診断士登録
S40年（1965）　神戸大学経営学部　卒業
S42年（1967）　技術士（生産管理部門）登録
S48年（1973）　川崎重工株式会社　退職

起業と事業展開の経過

S48年（1973）　「アートビューロゆとりろ」を開店、工芸画販売をはじめる。その後「こうなん美術」を設立。在阪百貨店に販路を広げ工芸画販売、民芸画、エスニック衣料、輸入唐木家具の販売を行う。

S61年（1986）　脱百貨店を目指し、「株式会社ファース」を設立。ファッションリフォーム「私のお針箱」をチェーン展開する。

S63年（1988）　甘党の店「こうなん天徳」を新規開店。

H1年（1989）「甲南チケット」を設立。チェーン展開する。
H7年（1995）携帯電話ショップ「パルショップ」設立。
H11年（1999）ディスカウント化粧品「コスメパル」設立。
H13年（2001）リペアーショップ「くっく・ばっく」設立。
H16年（2004）創業・ベンチャー・国民フォーラム企業家部門奨励賞受賞。
「甲南アセット」を設立。不動産事業に参入。
H19年（2007）「甲南チケット」をM&Aにより売却。
H24年（2012）元㈱G―7ホールディングス社外取締役
元㈱コーナンファース代表取締役会長
現　在　㈱甲南アセット代表取締役社長
㈱ファース代表取締役社長
一般財団法人小林起業振興財団理事長

公職：一般社団法人・関西ニュービジネス協議会（NBK）副会長
一般社団法人・心学明誠舎理事

著書：『失敗しない起業の鉄則』（商業界　2003年）
『キャッシュフロー経営で儲ける方法』（日本実業出版社　2005年）
『商人道に学ぶ　ビジネスの鉄則』（マネジメント社　2007年）
『あなたの起業　応援します』（コスモ21　2013年）

甲南アセット沿革

	取得ビル		売却ビル	
2004（平成16年）	・株式会社甲南アセット設立			
2004（平成16年）	5棟取得	和田宮桜井ビル、トーヨービル 神戸エステートビル 吹田サンプラザビル、二葉ビル		
2005（平成17年）	5棟取得	大開ビル、プランドール加古川 トーアハイツ、南堀江メゾン 伊藤ビル		
2006（平成18年）	6棟取得	ワークステージ西宮、笹原ビル サンメイビル、　北新地VIPビル 谷町ビル、伸光ビル		
2007（平成19年）	2棟取得	出石コウノトリグランドホテル 大開ビル別館		
2008（平成20年）	1棟取得	大同生命明石ビル		
2009（平成21年）	2棟取得	ベルエアー江上町ビル 甲南アセット中之島ビル		
2010（平成22年）	2棟取得	阪神尼崎駅前ビル、 第百生命神戸三宮ビル		
2011（平成23年）	2棟取得	高松番町壺井ビル、梅田ADビル	5棟売却	吹田サンプラザビル、二葉ビル 伊藤ビル、サンメイビル、谷町ビル
2012（平成24年）	3棟取得	第一生命明石ビル あいおいニッセイ同和損保小倉ビル 徳島Jビル（元ジャストシステム本社ビル）／徳島Jビル別館	4棟売却	南堀江メゾン、伸光ビル 出石コウノトリグランドホテル 梅田ADビル
2013（平成25年）	2棟取得	豊橋コアビル、サザン水戸ビル	3棟売却	神戸エステートビル、トーアハイツ ベルエアー江上町ビル
2014（平成26年）	4棟取得	岡山伊福ビル、徳島第一ビル 水戸城南ビル、名古屋三博ビル	1棟売却	北新地VIPビル
2015（平成27年）	4棟取得	平塚ビル、松江ビル、青森ビル 阪神流通センター内の倉庫	3棟売却	プランドール加古川 阪神尼崎駅前ビル、豊橋コアビル
2016（平成28年）	5棟取得	秋田山王21ビル 鹿児島加治屋町ビル NLP秋田ビル、小倉KMMビル 米子ビル	4棟売却	和田宮桜井ビル、笹原ビル あいおいニッセイ同和損保小倉ビル 岡山伊福ビル
2017（平成29年）	2棟取得	リーガル松本ビル 水戸FFセンタービル		
2018（平成30年）	2棟取得	盛岡ビル、千葉中央ビル	1棟売却	青森ビル

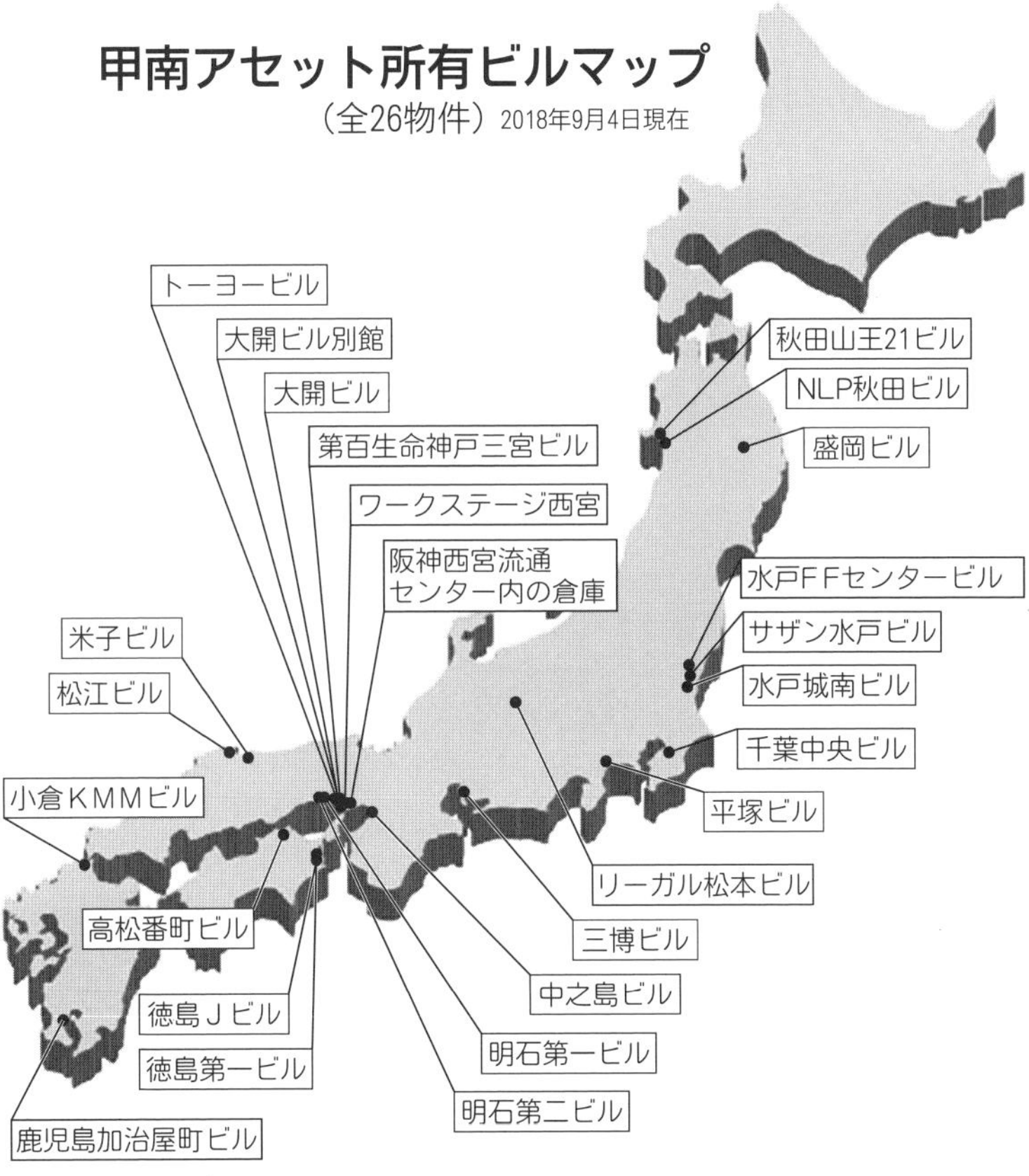
甲南アセット所有ビルマップ
（全26物件）2018年9月4日現在
トーヨービル
大開ビル別館
大開ビル
第百生命神戸三宮ビル
ワークステージ西宮
阪神西宮流通
センター内の倉庫
米子ビル
松江ビル
小倉ＫＭＭビル
高松番町ビル
徳島Ｊビル
徳島第一ビル
鹿児島加治屋町ビル
秋田山王21ビル
NLP秋田ビル
盛岡ビル
水戸ＦＦセンタービル
サザン水戸ビル
水戸城南ビル
千葉中央ビル
平塚ビル
リーガル松本ビル
三博ビル
中之島ビル
明石第一ビル
明石第二ビル

「起業の鉄則研究会」の歩み

回	月　日	講　　師		テーマ	会場
平成16年					
第１回	5月8日	小林宏至塾長	㈱甲南アセット代表取締役	ベンチャー企業は何故成功率が低いのか	神戸駅前パルオフィス
第２回	6月12日	小林宏至塾長	㈱甲南アセット代表取締役	少年の夢と志	神戸駅前パルオフィス
第３回	7月10日	小林宏至塾長	㈱甲南アセット代表取締役	ベンチャー企業は何故成功率が低いのか	神戸駅前パルオフィス
第４回	9月11日	小林宏至塾長	㈱甲南アセット代表取締役	第二創業を学ぶ～商売変革への実践	神戸駅前パルオフィス
第５回	10月9日	小林宏至塾長	㈱甲南アセット代表取締役	スクラップ＆ビルド18の法則①～人の生かし方	神戸駅前パルオフィス
第６回	11月13日	小林宏至塾長	㈱甲南アセット代表取締役	スクラップ＆ビルド18の法則②～事業の立ち上げ方	神戸駅前パルオフィス
第７回	12月11日	小林宏至塾長	㈱甲南アセット代表取締役	スクラップ＆ビルド18の法則③～資金の生かし方	神戸駅前パルオフィス
平成17年					
第８回	1月8日	小林宏至塾長	㈱甲南アセット代表取締役	商人道に生きる①	神戸駅前パルオフィス
第９回	2月12日	小林宏至塾長	㈱甲南アセット代表取締役	商人道に生きる②	神戸駅前パルオフィス
第10回	3月12日	小林宏至塾長	㈱甲南アセット代表取締役	近代経営とエンジェル	神戸駅前パルオフィス
第11回	5月14日	小林宏至塾長	㈱甲南アセット代表取締役	失敗しない起業の鉄則	ファースビル
		上島　健二氏	㈱iTest	ディスカッション	
第12回	6月11日	小林宏至塾長	㈱甲南アセット代表取締役	甲南チケットの管理会計システムについて	ファースビル
第13回	7月9日	大村　邦年	㈱大村商事社長	アパレル業界の動向と私のベンチャー的経営	ファースビル
		門田　隆代		メンバーからのプレゼンテーション	
第14回	9月10日	大川真一郎	大川創業㈱社長	熱いチャレンジ精神と私の経営哲学～私の失敗24～	ファースビル
第15回	10月8日	松本　茂樹	みなと銀行相生支店長	現役支店長が語る、金融よもやま話	ファースビル
第16回	11月12日	植田貴世子	㈱クラッシー社長	コンシェルジュサービスが創る思いやりの町	大開ビル
第17回	12月10日	小西　一彦	追手門学院大学教授	流通機構の変化と新しい経営	大開ビル

回	月　日	講　　師		テーマ	会場
		平成18年			
第18回	1月14日	赤松　秋雄	古野電気㈱顧問	神戸ホスピタリティ都市機構	大開ビル
第19回	2月18日	岡　二郎	㈱シースカイ社長	私の脱サラ、㈱シースカイ設立体験談	大開ビル
第20回	3月11日	実践編最終回 小林　宏至	㈱甲南アセット	小林塾長の総括講和	大開ビル
第21回	5月13日	三宅　雄太		キャッシュフロー　徹底研究	大開ビル
第22回	6月10日	大西　泰鄰	大西経営事務所所長	新会社法研究会①	大開ビル
第23回	7月8日	神吉　正弥	近畿経済産業局販路ナビ事業アドバイザー	販路マッチングナビゲート事業について	大開ビル
第24回	9月9日	江村　公一	㈲萬歳一楽　社長	ビジネスの盛衰を決める社名、社印、実印の実務とその大切さについて	大開ビル
第25回	10月14日	平野　智照	㈲あうん社代表	『たんば田舎暮らしフォーラム』の報告及び、『田舎で起業フォーラム』の実施について	大開ビル
第26回	11月9日	松本　茂樹	㈱アシストワン社長	私が起業した理由	大開ビル
第27回	12月9日	小林　宏至（塾長）	㈱甲南アセット代表取締役	起業の成功はビジネスモデルの構築から	大開ビル
		武田　豊	㈱市姫商事　社長	第三の貨幣：ポイントマイレージについて	
		平成19年			
第28回	1月13日	大西　泰鄰	大西経営事務所所長	新会社法研究会②	大開ビル
第29回	3月10日	中村　政温	中村政温公認会計士事務所	ベンチャー企業のキャッシュ・マネジメント	大開ビル
第30回	5月12日	小林　宏至（塾長）	㈱甲南アセット代表取締役	甲南チケットのM＆Aについて	大開ビル
第31回	6月9日	平野　智照	㈲あうん社　代表	『田舎de起業研究会』の経過報告と地域資源活性化	大開ビル
第32回	7月14日	赤松　秋雄	古野電気㈱　顧問	兵庫の異色企業・古野電気の歴史と企業風土について	大開ビル
第33回	9月8日	北本　光峰	東洋易学研究会	松下幸之助の成功に学ぶもの	大開ビル
第34回	10月13日	森本　直之	もりもと特許事務所　所長	ベンチャー企業のための知的財産戦略 ～ビジネスを効果的に守るために～	大開ビル
第35回	11月10日	石黒　周	関西次世代ロボット推進会議	ロボットテクノロジーをビジネスに活かす！	大開ビル

回	月　日	講　師		テーマ	会場
平成20年					
第36回	1月12日	福井　啓介	㈱天啓　社長	携帯電話サイトによるアンケート調査のデータ活用事業と大発ベンチャー企業立ち上げについて	大開ビル
		日笠　恵輝	㈱日笠建設　社長	アート舗装と緑化計画	
		鄭　剣豪（ゲスト）	剣豪集団㈱代表取締役社長	中国の風を読む	
第37回	2月9日	李　泰翁	㈱ギガデータシステム　代表取締役	日本の携帯電話業界の抱える問題と将来の展望	大開ビル
		加藤　泰史	兵庫信用金庫	金融機関から見た優良企業とそうでない企業	
		北本　光峰	東洋易学研究会理事長	運命学から見たあなたの未来	
第38回	3月8日	倉田　治彦	倉田社会保険労務士事務所　所長	社会保険労務士からの耳寄りな情報	大開ビル
		真造　豊久	真造事務所	成長する社長の条件～成功した社長たちの意外な素顔～	
第39回	4月12日	藤井　宏一	㈲ユートピア創研代表取締役	海外ファンドについて	大開ビル
		山本　茂史	Vingt et un代表	インターネット・ＨＰの有効活用のポイント	
		芳崎　広	㈱イー・メディア	ＱＲコード、バーコードに変わる次世代のデファクト・スタンダード・カラーコードＴＭ	
第40回	5月10日	神吉　正弥	㈱iTest　社外取締役	中小企業の販売における課題と解決策	大開ビル
		成田　総雨	㈱サスティーン代表取締役	サスティーンの挑戦	
		松本　茂樹	㈱アシストワン代表取締役	日中ビジネスの展開について	
第41回	6月14日	今岡　重男	芦屋大学　経営教育学部教授	関西でビジネスをする人のための大阪学～大阪船場の歴史・経済・商道学問所のあれこれ～	大開ビル
		小川　晃司	㈱ジーベック　代表取締役	環境ビジネスと弊社の取り組み～来るべきエネルギー危機に備えて～	
		北本　光峰	東洋易学研究会理事長	ヘッジファンドの発足に際して	
第42回	7月12日	松本　茂樹	㈱アシストワン代表取締役	台湾とのビジネスチャンスについて	大開ビル
		神吉　正弥	ＮＰＯ法人商縁プラザ　理事長	誰でもホームページ『Hit&Run』	
		鄭　剣豪	㈱剣豪ジャパンアジアビジネスセンター代表	㈱剣豪ジャパンアジアビジネスセンター-の設立について	

回	月　日	講　師		テーマ	会場
第43回	8月9日	長田　一郎	㈱ホロニック	7つのホロニックスピリッツ ～ホロニック社が理念とする7つのホロニックスピリッツ～	大開ビル
		北本　光峰	東洋易学研究会理事長	易学-21（2009）年鳳凰歴	
		小林　徹	㈱Cure 代表取締役	メタボリックシンドロームにビジネスチャンスを見出す！	
第44回	9月13日	みやざき　あゆみ	アトリエ　LEAF　NOTE	パーソナルカラーを営業に生かす」 ～好印象につなげる第一印象カラーセミナー	大開ビル
		松井　隆行	㈱ライセンス・ジャパン	モンドセレクションのご案内～モンドセレクションを食品メーカーのマーケティングに生かす～	
第45回	10月11日	宮本　正一	医療・健康問題研究所	医学博士のダイエット　ダイエット産業のウソ・ホント	大開ビル
		松本　茂樹	㈱アシストワン	『国際疲労学会2008』の報告	
第46回	11月8日	半澤　忠之	関西テレビ放送㈱	関西テレビ局内　見学	関西テレビ
第47回	12月13日	竹本　公士	㈱エイアイシー 代表取締役社長	～不況だから売れる～世界初のインクジェットプリンターとオンデマンドプリントについて	大開ビル
		大澤　邦章	㈱オーシャンネットワーク　代表取締役	～街の飲食店を元気にする～『プロの宅配システム』による街の飲食店活性化支援事業	
		田村　満喜	オオスラー㈲　代表取締役	ごみ戦争	
平成21年					
第48回	2月14日	藤岡　俊雄	㈱シーエフエス代表取締役	携帯は通信の道具から経営戦略ツールへ	大開ビル
		松本　茂樹	㈱剣豪ジジャパンアジアビジネスセンター副社長	㈱剣豪ジャパンアジアビジネスセンターの設立報告	
第49回	3月14日	米澤　秀夫	㈲創実　中小企業診断士	海南省の中小企業と今後のビジネスの可能性	大開ビル
		ディン　ジャバック	エバーラスティング㈱　代表取締役	日本とベトナムの架け橋になる	
		松本　茂樹	㈱剣豪ジャパンアジアビジネスセンター副社長	ベトナムについて	
第50回	4月11日	永峰　麻紀	㈲スタイルス　代表取締役	患者視点による医療・マーケティング及び生活サービス提供事業について	大開ビル
		中山　和子	ビオファーム合同会社　代表取締役	ビオファームを活用した地域活性化について	
第51回	5月9日	河口　正隆	河口マッチング事務所　代表	Social Enterprise　社会企業の設立への夢	大開ビル
		芝本　絹子	㈱理健代表取締役	水からできる健康づくり	

回	月日	講師		テーマ	会場
第52回	6月13日	大西　泰鄰	大西経営事務所	不況に負けない経営力をつける～上手な資金の作り方～	大開ビル
第53回	7月11日	銭本　紀洋	㈱ライフルーツ代表取締役	起業の経緯と私の夢	大開ビル
		石田　信夫	エデュケーションネットワークス㈱代表取締役	「個別学習セルモ」について	
第54回	9月12日	辻　美也子	社会保険労務士	事業主様に知っておいて頂きたい助成金　～新設助成金から活躍しやすい助成金までを開設～	大開ビル
		吉田　隆行	吉田コンサルタント事務所　所長	現役経営コンサルタントの気付き「戦わずして勝つ！」	
第55回	10月10日	松本　茂樹	㈱アシストワン代表取締役	農商工連携と地域資源活用の研究	大開ビル
		春名　竜太	タイアップ代表	大阪・奈良ブロックからの報告・お知らせ等	
第56回	11月14日	松尾　悦子	かーふカンパニー代表	環境循環型地域活性化の取組み	大開ビル
		北本　光峰	東洋易学研究会理事長	ニュービジネスのご提案	
第57回	12月12日	杉本　明浩	太成水産　代表取締役	マグロ市場の仕組みと新しい取組みについて	大開ビル
				平成22年	
第58回	1月16日	中村　政温	中村公認会計事務所　所長	儲かる会社にするための会計	大開ビル
第59回	2月13日	平野浩太郎	神戸大学・神戸芸術工科大学神戸芸術工科大学名誉教授	ITビジネスのアイデア創出に向けて	大開ビル
第60回	3月13日	重森　貴弘	㈱ミレニアムダイニング　代表取締役	人生の転機はいつも失敗の先に転がってんねん	大開ビル
第61回	4月10日	北村　純一	㈱専工社　代表取締役	60年の人生を振り返って	大開ビル
第62回	5月15日	淺野　寿夫	社会保険労務士法人ALLROUND	雇用調整助成金・中小企業緊急雇用安定助成金	中之島ビル
		小林　宏至（塾長）	㈱甲南アセット代表取締役	不動産事業を手掛けてーレンタルオフィスへの挑戦	
第63回	6月12日	松井めぐみ	I＆Nカンパニー	あなたをキレイにしたい	大開ビル別館
第64回	7月10日	山下　隆弘	㈱プロアアクティブ	優れたWebアプリケーションシステムとOEMで事業展開を図りたい	中之島ビル
		松本　茂樹	㈱アシストワン代表取締役	フォーブス長者番付に見る経済勢力の変遷	
第65回	8月7日	脇田　正男	脇田建築事務所	世界に貢献する耐震システム	大開ビル別館
第66回	9月11日	有本　哲也	㈱デジタルアライアンス代表取締役	エクステリア、外溝などお庭周りの工事をインターネットで概算見積もりできるシステムによる全国工事付対応について	中之島ビル
		高田　雄生	リ・ブランディング	戦略的ブランドマーケティング	

回	月日	講師		テーマ	会場
第67回	10月9日	中村　宏臣	医療法人社団　健裕会 中村医院医院長	チーム・バチスタの栄光　医療の光と影	大開ビル別館
第68回	11月13日	小西　一彦	追手門大学　経済学部教授	21世紀の新世紀は1980年から始まった。アイデアの創出と新規事業計画書　一方法と実践一	中之島ビル
		石原　由実子	JUMPS代表	元気力　～チアで関西を元気に～	
第69回	12月11日	岸本　聖	㈱ジュエリーアート　代表取締役	宝石画で蘇る日本画とアールヌーボーの世界	大開ビル別館
平成23年					
第70回	1月15日	上島　健二	㈱iTest　代表取締役	検証の高度化への取り組み	中之島ビル
第71回	2月12日	永井　秀一	㈱名古屋製作所	弊社の独自ＬＥＤランプについて	大開ビル別館
第72回	3月12日	山本由美子	ＩＴＹ㈱　代表取締役社長	高利益体質へ変換した企業の情報活用事例とインターネットマーケティングの活用事例	中之島ビル
		垂井　伸哉	エスティートレーディング㈱代表取締役	レアメタル市場の現況について	
		堀部　武司	㈱セールスレップコラボ代表取締役	すべての源は心から始まる！売れないものを売る！	
第73回	4月10日	北野　正博	㈱北野商店　取締役社長	経営の錬金術～スピリッツは一つ、蒸留酒の伝播～	大開ビル別館
第74回	5月15日	高畑　直史	チャイナ・コネクト	企業の求めるグローバル人材を求める	中之島ビル
		田中　桂子	クラスアプレシエ	相手を惹きつけるプレゼン術	
第75回	6月12日	飛岡　健	(神戸国際大学　学術研究会主催）現代人間科学研究所	変わりゆく日本～東日本大地震を境に～	神戸国際大学よりあいクラブ食楽
		西村　明吉	侑神戸国際システム	アサヒスーパードライの事例における戦略チェーンプログラム	
第76回	7月10日	中田真城子	えぬぷらす代表	セカンドラボトリーとデザイナーズショーハウスの取組みについて	中之島ビル
		高松　洋	工学博士	福島原発事故とその背景	
第77回	8月7日	松本　茂樹	㈱アシストワン代表取締役	姫路で開催されるＢ1グルメの内容とＢ級グルメによる地域活性化	大開ビル別館
		北本　光峰	東洋易学研究会	宇宙の真理を知り天下を取った男達	
第78回	9月11日	小林　宏至（塾長）	㈱甲南アセット代表取締役	塾長講和	中之島ビル
		土佐　浩史	ビーナスアセット コミュニケーションズ	円高はどこまですすむか	
第79回	10月9日	大谷好太郎	㈲サンテック代表取締役	失敗からの起業	大開ビル別館
第80回	11月13日	山野　暖佳		眠っている免疫力を摩擦全身マッサージで高めると健康や美容に効果があがる	中之島ビル
		北本　光峰	東洋易学研究会理事長	宇宙の真理を知り天下を取った男達	

回	月　日	講　　師		テーマ	会場
第81回	12月11日	春名　竜太		40分で150万稼ぐビジネスの種の蒔き方	大開ビル別館
		竹内　英二	食生活アドバイザー 食ヘルスコーチ	食は命の土台！食事で治せない病気は医者でも治せない	
平成24年					
第82回	1月15日	大西　泰鄰	大西経営事務所　代表	不易流行という言葉をめぐって	中之島ビル
		千賀　貴司		①本年の課題について「民度革命のすすめ」(紺野大介著)②「ベンチャー経営の手引き」の紹介「事業計画作成とベンチャー経営の手引き」(総務省)から	
第83回	2月19日	岡田　敏明		ドラッカーから、今、何を学ぶべきか	大開ビル別館
		千賀　貴司		安岡正篤哲学から導かれる経営的視座	
第84回	3月10日	松永　孝三	認定コンプライアンス・オフィサー、株式会社セールスレップコラボ企業法務研修担当	企業の社会的責任を考える ①小林塾長の言葉「損得より善悪」から学ぶコンプライアンス・企業の社会的責任論（CSR)・接続可能性 ②なぜオリンパス株式会社・大王製紙株式会社において企業統括（コーポレート・ガバナンス）が機能しなかったのか	中之島ビル
		田島　一志	田島公認会計士事務所代表 公認会計士・税理士	コーポレートガバナンスに関する取り組みとその有効性 ①上場会社において ②監査法人の監査において ③企業不正は上場会社だけのことか	
第85回	4月14日	大和　幸男	有限会社アールアイティ代表取締役	関西発！セールスレップビジネスモデルの確立に向けて」(RFID 業界を例としたセールスレップ活動への模索)	大開ビル別館
		家木　健至	家木公認会計士事務所 公認会計士・税理士	社長を盛り立てる組織作りを考えよう	
第86回	5月12日	久保多貞夫	ケイ・ビジネスサポート代表	中小企業における人財育成	中之島ビル
		金谷　善夫	関西師友協会参与、南河内照隅会会長	今に活かす澁澤精神【論語と算盤】	
第87回	6月9日	梶浦　正憲	株式会社サンテレビジョン技術部長	まずはテレビで詳しくはwebで！～情報の地産地消　地元のサンテレビを使ってみませんか？	大開ビル別館
第89回	8月11日	柳　雅弘	ＭＹソリューション合同会社　代表	お金をなるべくかけない販促プロモーションで業績ＵＰ！」～支援者という名の起業家が、創業ならではの産みの苦しみを存分に味わった1年。倒産の危機から劇的な成果を手にしたプロセスをお伝えします～	大開ビル別館
		金子　真澄	金子真澄税理士事務所代表　税理士	平成24年度改正税法-所得、法人、消費などの税目の改正項目をわかり易く解説	

回	月　日	講　　師		テーマ	会場
第90回	9月8日	大久保良雄	キャリア特待館代表取締役	少子化時代における大学経営戦略について	大開ビル別館
		松本　茂樹	関西国際大学地域研究所長、神戸ベンチャー研究会代表世話人、NBK理事	ソーシャルビジネスのすすめ	
第91回	10月13日	森岡　賢行	株式会社ボンズメディカル取締役、体幹チューニング大阪専門学校学院長	体幹チューニングとは～そのビジネス展開の可能性	大開ビル別館
		藤田　昌三	電子遺言バンク株式会社代表取締役	想いをリアルに届ける新しい形…電子遺言	
第92回	11月10日	生島　大嗣	アイキットソリューションズ代表	日本の家電が負け組になった本当のワケ～これからのビジネスの組み立て方を考える	大開ビル別館
		北本　光峰	東洋易学研究会理事長	松下幸之助の教え…起業成功の秘訣！ 知らなくてもいいです…が	
第93回	12月8日	清水　雅樹	MBAパートナーズ社労士事務所代表、MBA・特定社会保険労務士	経営者としての労働問題～最近の特徴的な動向から	大開ビル別館
		新名　史典	株式会社Smart Presen 代表取締役	プレゼンテーション」という切り口のビジネス～ソーシャルネットワークの時代だからこそ　できる起業スタイル～	
平成25年					
第94回	1月12日	垣内　重慶	株式会社デジタルマックス代表取締役社長	電子カタログの現状、ペーパーレス化、 業務効率化への取り組み	大開ビル別館
		小林　宏至	㈱甲南アセット代表取締役	『新年講話』	
第95回	2月9日	今里　秀穂	㈱F-seed代表	これからの起業スタンス	大開ビル別館
		参加者自己紹介		参加者全員で約３分程度の近況報告と自己紹介	
		北本　光峰	東洋易学研究会・理事長	宇宙時計のはなし	
第96回	3月9日	粟木　隆之	㈱ホロスプランイング／ＦＰアセットデザイン㈱代表取締役	継承の具体的事例研究から見た～起業の発展と継続～	大開ビル別館
第97回	4月13日	大津　良司	知能技術㈱代表取締役	起業の理由とNBK大賞大阪ブロック賞までの道のり	大阪駅前第一ビル
		山下　和貴	株式会社ヴァロール代表取締役社長	植物（＝万物の源）と向き合う事業展開	
第98回	5月11日	窪田　勲	証券アナリスト	わかるなっとく！経済の動きとドル／円相場の関係	大開ビル別館
		土佐　浩史	（㈱ヴィーナスアセットコミュニケーションズ）	アベノミクスは本物か	

回	月　日	講　師		テーマ	会場
第99回	6月8日	河野万里子	株式会社色彩舎　代表取締役	世界の共通語のカラーをビジネスに取り入れるには！持ち物の色からわかる顧客思考＆行動パターン	大開ビル別館
		堀部　武司	株式会社セールス　レップ　コラボ　代表取締役	夢を実現する　～人間は考えを現実のものに出来る唯一の生き物である～	
第100回	7月13日	小西　一彦	西和総合研究所株式会社　代表取締役	ビジネスモデル競争の時代	大開ビル別館
		小林　宏至	㈱甲南アセット　代表取締役	起業の鉄則研究会　100回を振り返って	
第101回	8月10日	正木　京子	有限会社メディオ・マサ　代表取締役	おかげさまとPay　it　Foward（ペイ・フォワード）	大阪駅前第一ビル
		大松沢嗣幸	西宮フットボールクラブ　理事長	企業人としてのアマチュアスポーツ選手	
第102回	9月14日	森門　隆寿	一般社団法人丹波免疫療法復興会　専任講師	病気の本質とは　～活性酸素とＳＯＤ～	大開ビル別館
第103回	10月12日	笹川　尚子	株式会社ティー・オー・エス　フードコーディネーター　パーソナルスタイリスト	新規事業開発とブランディング　外食産業を取り巻く環境	大阪駅前第一ビル
		北本　光峰	東洋易学研究会・理事長	成功の鉄則…松下幸之助「自然の理法」とは？　宇宙時計であなたの未来を探る！	
第104回	11月9日	沖田　康代	沖田税理士事務所　税理士	消費税って益税？損税？税率10%時代へ向けて消費税の問題を考える	大開ビル別館
		布袋　正樹	関西国際大学経営学科　准教授	法人税減税について	
第105回	12月14日	船越　武英	プルデンシャル生命保険株式会社	相続大増税時代になった今、みなさんの相続は大丈夫でしょうか？～相続対策の「現状」と「矛盾」を交えながら、「有効」をお伝えします～	大阪駅前第一ビル
		米田　貴虎（よねだたかとら）	相続手続支援センター西日本本部代表／株式会社ブレーントラスト代表取締役	家族の絆のバトンタッチを手伝う相続支援事業　～友人の相続手続きの感動が原点～	
平成26年					
第106回	1月11日	富永佳与子	公益社団法人Knots 理事長	ペットノミクス-温かな社会に生まれるビジネスチャンス	大開ビル別館
		土佐　浩史	株式会社ヴィーナスアセットコミュニケーションズ	まだまだ上がり続くか新年相場。アベノミクス大解剖	

回	月日	講師		テーマ	会場
第107回	2月8日	中西　理翔	株式会社アル・コネクションプロダクツ 代表取締役	起業とビジネスの継続-ワークバランスの視点	大阪駅前第一ビル
		田中知世子	ピースクルーズ株式会社　代表取締役	看護師社長が目指す在宅介護～起業から10年そして これからの想い～	
第108回	3月8日	楠本　政彦	寺子屋　「流汗悟道塾」 塾頭	なぜ成功の華が小さくて、短期間しか咲かなかったのか？	大開ビル別館
第109回	4月12日	笠原　暁	有限会社Gyo Lighthouse社　代表取締役	中小企業米国販路開拓支援事業の地域支援団体との取り組み	大阪駅前第一ビル
		久木元悦子	ぬくもりサロン芦屋　代表	あたためる生き方	
第110回	5月10日	雨松　真希人	非営利任意団体CLCおおきな歯こども基金	新たな仕組みによる歯科医療費の無料化事業	大開ビル別館
		Mr.Kei		大人のための【フュージョン・オブ・ザ・イリュージョン】のプレゼンテーション	
第111回	6月14日	田村　勇二	メインソリューション株式会社代表	クラウドで今までの仕事が通用しなくなる！　未来のビジネスはどう変わるのか	大阪駅前第一ビル
		小川　勝夫	オガワ経営事務所代表税理士・中小企業診断士	起業支援・税理士業・コンサルトの経験から得た経営で大切なこと	
第112回	7月12日	大田　勉	ニッケイ・グローバル㈱代表取締役	負けにくい投資7つの原則・お金値の殖やし方・残し方	大開ビル別館
		飯田　真弓	一般社団法人日本マインドヘルス協会代表理事	税務署は見ている～元国税調査官の視点で会社を良くする～	
第113回	8月9日	岩崎　和文	岩崎公認会計士・税理士事務所代表	成長企業に備わっていること～株式公開に向けて～	大阪駅前第一ビル
		土佐　浩史	㈱ヴィーナスアセットコミュニケーションズ	ニーサで資産を増やせるか？本音で語る資産運用	
第114回	9月13日	塚本安希子	エルシー物流㈱代表／エルシー行政書士事務所代表	阪神大震災からの営業マインド～震災によるリストラから､物流会社経営･行政書士事務所開業に至るまで～	大開ビル別館
		小林　宏至	㈱甲南アセット代表取締役	塾長講話	
第115回	10月11日	岩間　大地	㈱日本総合コンサルティング 北野会計事務所 資産税担当	盛り上がる相続ビジネス～今こそ望まれる本当の相続対策～ 」 ―相続税を知らなかったお客様に何をお伝えするか― ―相続税ビジネスに参入する競合との差別化は―	大阪駅前第一ビル
		青石　静香	㈱青石　代表取締役	国際社会に繋がる起業～企業文化、習慣、思考の違いから国際感覚を学ぶ～	

回	月　日	講　師		テーマ	会場
第116回	11月8日	水川　明	アロマ株式会社　代表	病気にならない生き方	大開ビル別館
		北本　光峰	東洋易学研究会　理事長	―未来が見えれば、行動が変わる！生き方が変わる！―未来が見えるふし穴、そっと覗いてみませんか	
第117回	12月13日	羽昊　雄柄	㈱リプロス　代表取締役	夢サイクル	大阪駅前第一ビル
		岡田　敏明	㈱システムユニ　代表取締役	親日と反日の関係：「台湾を愛した男　八田與一物語より」映画KANOの来春全国放送に先駆けて	
平成27年					
第118回	1月10日	松本　茂樹	関西国際大学　経営学科　准教授	還暦を迎えて～すべては人との出会い～	大開ビル別館
		土佐　浩史	㈱ヴィーナスアセットコミュニケーションズ	まだまだ上がり続くか新年相場。続編 アベノミクス大解剖	
第119回	2月14日	高松　洋	工学博士	3.11　フクシマその後と新基準による再稼動条件	大阪駅前第一ビル
		高山　結衣		あなたは身の回りに落ちている、チャンス、財宝、宝物、を見逃している！	
第120 回	3月14日	窪田　勲	証券アナリスト	ここだけの話です！円安？円高？いいのはどっち？収入が増える政策と景気のつかみ方	大開ビル別館
		大澤　邦章	㈱オーシャンネットワーク配達代行事業	“街の宅配屋さん”今後の事業展開について	
第121回	4月11日	山田　哲也	社団法人日本写真家協会会員	ファイインダーから観た経営者たち	大阪駅前第一ビル
		大野　長八	大野アソシエーツ　代表	高齢化社会と女性の時代・事例研究　女性専用フィットネス・カーブス	
第122 回	5月9日	小鷹　智	ＮＰＯ法人みちしるべ神戸　本部長	障害者の可能性を引き出すために	大開ビル別館
		田中　昌平	おくゆき工房株式会社　代表取締役	３Dデータの最新技術によるサービス展開と、日本とサンフランシスコのベンチャーへの考え方の違い	
第123回	6月13日	坂本　充	㈱マネジメントエフ　代表取締役	出逢いと学び	大阪駅前第一ビル
		坂川　弘幸	日本経済新聞社　大阪本社	日本経済新聞に見る経営の勘どころ	
第124回	7月11日	福島　有二	㈱ケアラー代表取締役／一般社団法人KSIA専務理事	学生起業は是か非か	大開ビル別館
		窪田　勲	証券アナリスト	高校生ビジネスプランの最新動向！」～大人顔負けのびっくりプレゼン続出！日本政策金融公庫　高校生ビジネスグランプリから～	

回	月　日	講　師		テーマ	会場
第125回	8月8日	みやざき　あゆみ	アトリエリーフノート主宰	人生に彩りを～似合う色で輝きUP～	大阪駅前第一ビル
		鈴木　邦明	㈱イーサーブ代表取締役 鈴木会計事務所所長	わかりやすい経営数字～利益が出ても倒産してしまう！数字に弱い経営者は失敗する！～	
第126回	9月12日	植田　実	㈱サンクレスト代表取締役	ヒット商品は女子高生・ギャルママに聞け！	大開ビル別館
		戸田　浩司	㈲プロフィット代表取締役	起業者向けセミナーの現場からのヒント」 ・セミナー講師から見た、起業の現状 ・今、起業に必要なモノとは？	
第127回	10月10日	盛本　修司	㈱モリモト医薬代表取締役	食べ物・薬の飲み込み事故ゼロへの仕組み開発！～武田流トップシェアのつかみ方～	大阪駅前第一ビル
		上田　真士	㈱ミッションラーニング代表取締役	右腕を育てましょう！～人材不足時代の育成方法～	
第128回	11月14日	浜崎　重孝	㈱アイザック　代表取締役	形無き商品から、ものづくりへの転換～25歳でシステム会社を創業し、今年25年を経過した企業のあゆみと今後の展望～	大開ビル別館
		井辻　孝之	㈱スクウェア代表取締役	助成金を活用した無駄のない資金調達・人材育成	
第129回	12月12日	山田　和弘	N.Y.総合事務所主宰	日本の商業界の『今まで』と『これから…』	大阪駅前第一ビル
		高野　直樹	㈱ＴＡＴ　代表取締役社長	50歳で創業し、経営指針書に助けられて	
平成28年					
第130回	1月9日	松本　茂樹	関西国際大学　経営学科長	シリコンバレーのエコシステム」～シリコンバレーではいったい何が起きているのか　われわれはこれをどう活用すればよいか～	大開ビル別館
		北本　光峰	東洋易学研究会理事長	成功の秘訣はここにある！宇宙の真理の不思議を目の前でお見せします	
		楊　風明	㈱For you不動産事業部	中国から見る日本の不動産市場の魅力	
		陳　太智	㈱For you副社長		
		川村　忠隆	日本経済大学教授		
第131回	2月13日	谷岡　一治	㈱谷岡ドレス　代表取締役会長	シニアが持つ技術と感性を社会貢献へ～シニアの技術は知恵と感性の集積～	大阪駅前第一ビル
		小原　隆史	エール㈱代表取締役／NPO法人琵琶湖ローイングCLUB代表理事	障がいがあっても、真ん中で活躍できる場所を目指して！！	
		土佐　浩史	㈱ノアズプランニング	資産運用で気をつけたいこと	

回	月日	講師		テーマ	会場
第132回	3月12日	成生　治一	NPO法人ミッション・クラブ	成尾治一の国際福祉起業家への挑戦～人の幸せは本質を悟る法眼（ほうげん）力　国家の成長は民の文化力にあり～	大開ビル別館
		北本　光峰	東洋易学研究会理事長	これからどうなる？～アメリカはイスラエル・サウジを見捨て、北英・欧米という言葉ももはや死後に近い。米国の転落で世界大激変！政治経済社会は勿論人の運勢も全て宇宙の摂理に従うことを知ろう！～	
第133回	4月9日	村岡　正和	バスタイムフィッシュ代表／㈱社デジタル・ラボ　社外取締役	ＩＴ技術者からみたウェアラブルデバイスＩＯＴについての期待と現状	大阪駅前第一ビル
		大澤　邦章	㈱オーシャンネットワーク代表取締役会長	『街の宅配屋さん』今後の事業展開～H27.3皆様から頂いたアイデアと経過報告　今後の事業展開について～	
第134回	5月14日	河野　誠	㈱カワノラボ　代表取締役	プリンターインク、日本酒、チョコレートなど新しい微粒子分析で世界へ！～大阪大学発ベンチャーの挑戦～	大開ビル
		水川　明	アロマ株式会社代表取締役	世界初！銀座や阪急百貨店も注目する大豆まるごとチョコレート作り	
第135回	6月11日	山本　吉大	㈱洸陽電機　代表取締役会長	Ｉ変化をリードしないか！？～神戸発エネルギーベンチャーの挑戦～	大阪駅前第一ビル
		竹本　公士	㈱山陽商会　代表取締役	建物オーナー様必見!!収入アップの方法と信用失墜の恐ろしさ！～消防設備とサイン（看板）について考える～	
第136回	7月9日	川口　徹	㈱カワグチマック工業代表取締役	成熟産業のイノベーション～成熟産業の包装資材メーカーにあって、どのようにイノベーションに取り組んできたか？～	大開ビル
		釣島平三郎	太成学院大学経営学部長教授／中小企業診断士	縁ありて花開く」～起業家とご縁の法則～	
第137回	9月10日	種田　成昭	㈱Flucle（フラクル）代表取締役	「企業とお寺を繋げて日本の本質を伝える会社Flucle～学生起業家、NPO職員、コンサルタントを経て何故いま起業したのか？関西でしか出来ないビジネスを模索して～	大開ビル
		北本　光峰	東洋易学研究会理事長	成功へのチャンスの研究・チャンスを掴む秘訣！	
第138回	10月8日	笹川　尚子	㈱ティー．オー．エス営業部フードコーディネーター	オリンピックに向かう日本市場　スポーツ＋産業界　産業界ＷＭＧ2021に期待する関西経済	大開ビル
		藤田　タケ子	株式会社エムエステー企画取締役	人間関係と言葉の表現	

回	月　日	講　師		テーマ	会場
第139回	11月12日	青木　伸也	日本政策金融公庫国民生活事業神戸創業支援センター所長	日本公庫の創業支援と起業教育	大開ビル
		小山　茂樹	有限会社グリーンスペース造園代表取締役	『浮かせてキット』の普及～ミッションワークを生きる～	
第140回	12月10日	北本　光峰	東洋易学研究会理事長	あなた自身の運命周期表を、あなた自身の手で作っていただく特別実習講座～運を掴む秘訣！天中殺の秘密を学び、自分の運命周期表を知ろう！～	大開ビル
		土佐　浩史	日産証券プランニング	資産運用革命ここにあり	
平成29年					
第141回	1月14日	李　容淑	㈱リンカイ代表取締役社長／関西国際大学学長特別補佐	インバウンドツーリズムの可能性について	大開ビル
		松岡　義樹	㈱ジーコム　取締役	グローバル時代における翻訳ビジネスの実態について」翻訳業務の変遷、業界の現況など	
第142回	3月11日	原　武嗣	㈱レポハピ　取締役	ベンチャーマインド　起業のタイミング	大開ビル
		下土井康晴	明興産業㈱　代表取締役会長	創業60年を振返って	
第143回	4月8日	寄玉　昌弘	㈱Ｓｙｄｅｃａｓ（シデカス）代表取締役	「介護パジャマ」を売っているだけの会社じゃありません！介護関連業界で“しでかす”Ｓｙｄｅｃａｓのユニバーサルデザイン事業	大開ビル
		古川　純一	ジャスト㈱　代表取締役会長	未来の常識は、現在の非常識から生まれる～「一人で暮らす」高齢者をきちんと見守るバインダーシステムのご提案～	
第144回	5月13日	谷岡　一治	㈱谷岡ドレス　代表取締役会長	モード屋・ＫＡＺの見た戦後ファッション60年の歴史・今昔物語～阪大医学部からアパレル業界へ華麗なる転身とその軌跡～	大開ビル
		新田　庸雄	㈱七旺社　代表取締役社長	印刷だけじゃない！印刷会社による新しい価値提供の試み～営業ツールの企画・提案を通じて中小企業の販路拡大・営業強化をサポート！～	
第145回	6月10日	小川　隆宏	IDECシステムズ&コントロールズ㈱アグリシステム事業部事業部長	IDECの次世代農業ターンソリューション　～農業を魅力的に！日本の農業に革新を！～	大開ビル
		土井　貴達	土井税理士公認会計士事務所	『会計事務所と会社の経理がクラウド会計を使いこなす本』の著者が明かす「クラウドシステムを使用した業務改善、利益アップの秘訣」	
第146回	7月8日	南出　淳子	株式会社Boosters代表取締役	新しい時代の活き方を創る」～21世紀の生き方のキーワードは、「diversity-多様性」	大開ビル

回	月　日	講　　師		テーマ	会場
第146回	7月8日	柴冨　裕紀子	The Green Venture Japan 代表/カーボンオフセット Run 神戸 実行委員会委員長	美しい地球を未来の子供達へ残す環境植林事業～主婦であり、ママである女性的観点から～	大開ビル
第147回	9月9日	中島三栄子	株式会社ママココ代表取締役	女性と子育てのサポートは何が正解？～女性活躍は日本と企業を救う？～	大開ビル
		片山喜市郎	Studio Kiichi オーナー兼デザイナー	創業100年を迎える靴屋の後継者の革小物『Kiichi』への挑戦	
第148回	10月14日	山本　吉大	㈱洸陽電気　ファウンダー／一般社団法人大吉財団　理事長	アントレプレナーという生き方～宿命に生まれ　運命に挑み　使命に燃える～	大開ビル
		みやざき　あゆみ	アトリエリーフノート主宰／　臨床美術士	五感を総動員！臨床美術（クリニカルアート）で右脳的センスを鍛えよう！	
平成30年					
第149回	11月11日	小山　茂樹	㈲グリーンスペース造園　代表取締役	家庭でお手軽水耕栽培『水に浮かせてキット』販路拡大、ユーザーのネットワーク化戦略	大開ビル
第150回	12月9日	木田　聖子	㈱チャイルドハート代表取締役社長	少子化の中で大切なことー社会全体で子育てする仕組みー	大開ビル
		小林　宏至	㈱甲南アセット代表取締役	起業の鉄則研究会150回を振り返って	
第151回	1月13日	内海　芳宏	日本真珠輸出組合　専務理事	ブランディングの必要性と応用について	大開ビル
		土佐　浩史	資産運用アドバイザー	誰も語ろうとしない今後の日本経済行方	
第152回	2月10日	川口　加奈	認 定NPO法 人 Hoomdoor	ホームレス状態を生み出さない日本へ	大開ビル
		窪田　勲	証券アナリスト	金融機関から信頼される経営目標の立て方にも役立つ！手軽にできる株価予測方法、良い銘柄の見分け方と2018年の株式相場見通し	
第153回	3月10日	福岡　裕典 赤松　映美	有限会社フクオカ機業 代表取締役	西陣織カーボン織物による伝統産業の発展と自動車業界を中心とした世界戦略	大開ビル
		井川　聡江	一般社団法人大阪あそ歩委員会理事	『大阪あそ歩』その仕組みと楽しみ方～歩いているだけで楽しいことが～	
第154回	4月14日	野村　忠司	大阪府民電力㈱代表取締役	新電力の特徴と大阪府民電力の強み	大開ビル
		正木　義久	川崎重工業株式会社　汐見寮	カワサキ営業一筋４０年	
第155回	5月12日	本下　瑞穂	株式会社コトバノミカタ代表取締役	コトバの『見方』を変えて、コトバを『味方』にする方法～「見て」楽しく文章力を育もう～	大開ビル
		三木谷　毅	株式会社グローバルITネット代表取締役	車椅子利用者が困らぬよう、駅を中心にルートマップを展開中	

回	月　日	講　師		テーマ	会場
第156回	6月9日	辻川　拓志	アンジップ㈱代表取締役	今どきのｗｅｂ制作会社の人材確保	大開ビル
		府川　浩	元　日本経済新聞社	広報が知りたい新聞記者の考え方	
第157回	7月14日	三浦　雅弘	㈱ファーストステーション専務取締役	先進安全技術を活用した事故ゼロ社会創造事業	大開ビル
		加藤　正芳	元　丸紅	商社生活を振り返って、サンパウロ（ブラジル）訪問	
第158回	9月8日	朝田　誠一	株式会社ベネフィシャルテクノロジー取締役	フォトシャワー～スマホで撮った写真をその場でスクリーンへ～	大開ビル
		藤原　雄輔	クロスライン株式会社CEO	外国人対応ビジネスについて（コンシェルジュ事業、中国人向け決済事業）	
第159回	10月13日	粟木　隆之	FPアセットデザイン㈱代表取締役	勝ち残るための戦略会計手法	大開ビル
		小野田　隆	元近畿大学　社会学国際社会論ar-mish講師	介護は突然やってくる	
第160回	11月10日	谷岡　樹	㈱八戸ノ里ドライビングスクール代表取締役	16歳からの起業塾	大開ビル
		村上　顕	中小企業診断士	置き薬というビジネスについて	
第161回	12月8日	佐竹　真綾	にっぽんお好み焼き協会会長／若竹学園学園長／てっぱん総本家株式会社代表取締役／お好み焼き活性化委員会メンバー	コミュニケーションツールとしてのお好み焼き	大開ビル
		社　義宣	特定非営利活動法人シヴィル・プロネット関西常務理事＆事務局長	NPO・ADRの挑戦＝トラブルだって怖くない！＝	
平成31年					
第162回	1月12日	中西　正人	㈱キレイ代表取締役	人生に、おそいという年令はない！	大開ビル
		松本　茂樹	兵庫大学　現代ビジネス学部現代ビジネス学科　副学科長 教授	未来の話をしよう！　われわれは何をすべきか！	
第163回	2月9日	岡田　敏明	㈱システムユニ代表取締役	「ビジネスの失敗学」～新たな事業創造にむけて～	大開ビル
		後藤　大悟	コールドストレージ・ジャパン㈱	コールドチェーンが変われば世界が変わる	

あとがき

夢と志がある限り

　私の4冊目の著書『あなたの起業　応援します　成功80の考え方』が発行されたのは平成二十五（２０１３）年十月でした。この年七月に「起業の鉄則研究会」１００回目を迎えたので、その記念にと関係者から出版を勧められたのです。

　それから早や5年が経過し、一昨年（２０１７）の十二月には１５０回目が開かれた。これまで講師になった方は延べ３００人以上、参加者は三千人にのぼります。

「これを機に原稿を募って記念誌を出しましょう」と再び研究会のメンバーから言われ、私は少し躊躇しましたが、皆さんが喜ぶのであればと考え、この提案を受け入れました。ただ、記念誌というのは身内の同人誌といったイメージがあるので、そういう本にならないようにとだけ提案者（編集委員）には要望しておきました。

この度私は外野席にいて執筆していませんが、各章の執筆者のテーマに即して、私の著著の中から「塾長講講義録」が編集者によって選ばれるという形になりました。私は編集途中のゲラ原稿を読みながら、「なるほど、こういう編集もありかな」と納得した次第です。第8章の「名言名句99」は、私が信条とする言葉も多く、事業化というのは夢と志を高く持ち続け、それが信念にもなっていると改めて感じ入りました。これから起業しようとする人は、こうした言葉の力を支えに頑張ってほしいものです。

「起業の鉄則研究会」100回目から150回までの約4年6カ月間、世界情勢も日本社会も大きく様変わりしましたが、起業・事業に対する私の考え方やスタンスはほとんど変わっておりません。第三創業に当たる『甲南アセット』の業績が順調に伸びているということもありますが、「起業の鉄則」という本質的な考え方については、私の中では特に変化はない、ということです。ちなみに私の4冊目の著書、『あなたの起業　応援します　成功80の考え方』を読み直しても、加筆訂正したいことは見当たりません。私は外野席に座ったまま、本書の編集者に任せきりでいられたのは、そういう事情もあったからです。

『あなたの起業　応援します』のプロローグに、こう書いています。

「私は、35歳で会社を辞めて起業した。そして25年後に第二創業して、まったく新たなビジネスモデルにチャレンジした。十数年で年商２００億円を超える会社に育てあげ、M&Aでその会社を売却した後、現役引退のこともちらっと頭をかすめたが、そこから更に67歳で第三創業して新たな事業（甲南アセット）を興し、現在に至っている。

夢と志があればゼロからでも起業できる。むしろゼロからのスタートのほうがいい。

夢と志があるかぎり企業家に引退はない。だから、会社でリタイアを迎えた世代の人たちも、夢と志があるなら、自らの経験やノウハウ、人脈などをフルに生かし、今から奮起して独立起業してほしいのだ。……」

最近は、「働き方改革」ということで政府もいろいろと政策を講じていますが、起業家精神というのは、そうした社会・時代の変化とは関係なく、燃えるような志と夢をもって、自ら奮起して自らの「働き方」を決めるものです。本書の名言名句にも見るように、創業者（経営者）に共通するのは大きな夢と志、あるいは強い信念と哲学です。

私は今年で満81歳を迎えましたが、これからも体力気力のある限り「起業の鉄則」に準じて、事業の夢を追い求めていくつもりです。

起業を志す人に、あるいは事業を大きくする夢を抱く人において、本書が少しでも励みとなり役立てることができればこれにまさる喜びはありません。

夢と志を高く、起業しよう！

平成三十一年二月吉日

起業の鉄則塾・塾長　小林　宏至

手のひらの宇宙ＢＯＯＫｓ® 第20号

起業の鉄則塾

発行日　平成31年３月10日　初版第１刷

監　修　小林　宏至
編　集　記念誌発行委員会
発行者　平野　智照
発行所　㈲ あうん社
〒669-4124 丹波市春日町野上野21
TEL/FAX (0795) 70－3232
URL http://ahumsha.com
Email :ahum@peace.ocn.ne.jp

製作 ● ㈱丹波新聞社
装丁 ● クリエイティブ・コンセプト
印刷・製本所 ● ㈱遊文舎

＊落丁本・乱丁本はお取替えいたします。

ISBN978-4-908115-18-9　C0034
＊定価はカバーに表示しています。